Just Let it Goooooo

馬桶故事集

放過自己吧，猶如那一沖而逝的便兒！

賽賽主公有感——

我們有很多事情值得擔憂，
可事實上我們的擔憂其實是沒有必要的，
僅僅是因為我們的一知半解，
結果自己嚇唬自己。

正面思考：60

馬桶故事集：放過自己吧，猶如那一沖而逝的便兒

編著者　賽賽主公
出版者　大拓文化事業有限公司
執行編輯　林美娟
美術編輯　蕭佩玲

總經銷　永續圖書有限公司
劃撥帳號　18669219
地址　22103　新北市汐止區大同路三段一九十四號九樓之一
TEL　（〇二）八六四七—三六六三
FAX　（〇二）八六四七—三六六〇
E-mail　yungjiuh@ms45.hinet.net
網址　www.foreverbooks.com.tw

CVS代理　美璟文化有限公司
TEL　（〇二）二七二三—九九六八
FAX　（〇二）二七二三—九六六八

法律顧問　方圓法律事務所　涂成樞律師

出版日◇二〇一六年二月

國家圖書館出版品預行編目資料

馬桶故事集：放過自己吧，猶如那一沖而逝的便兒 / 賽賽主公編著. -- 初版. -- 新北市 : 大拓文化, 民105.02　面；　公分. -- (正面思考系列 ; 60)
ISBN 978-986-411-028-5(平裝)
1. 人生哲學　2. 通俗史話
191.9　104027507

CONTENTS

第一章 正視不足，才能看到自己美好的一面

第二章 有問題，就有解決方法

CONTENTS

第二章 生活需要夥伴，快樂和痛苦都要有人分享

第四章 得意時淡然，失意時坦然

CONTENTS

第五章 一步一腳印，執著一生

第六章 承諾只在一瞬，而踐約卻需永遠

第一章

正視不足，才能看到自己美好的一面

想在人生的道路上有所作為，就應該學會自強。在人生道路上必定會遇到各種困難和挫折，如果不能承受得住這些挫折的打擊，那麼自己也會在不斷的失敗中一蹶不振。學會在人生的每次失敗中愈挫愈勇，是成長所必需的品格，這樣才能成為一個朝氣蓬勃、具有適應能力和自我發展完善能力的人。

只要你是對的，就不要輕易去否定自己；只要你是對的，就要執著自己的堅持。人生成功的支點，常常就在於面對別人的紛紛否定時，自己的心靈卻從不迷失，堅定的做自己的主人。

很多時候我們習慣躲在角落裡，一邊咀嚼著草根，一邊偷偷羨慕他人頭上成功的花環。其實，善於尋找自己的核心優勢才是彌足珍貴的人生態度。

發掘心靈的鑽石

有一天，一位老僧拜訪一位生活殷實的印度農夫阿利，並告訴他，只要他能得到拇指般大的鑽石，就能買下附近全部的土地；如果得到鑽石礦，就能夠讓兒子坐上王位。農夫聽了老僧的話後，第二天一早，他賣掉了所有地產，讓家人去寄住在街坊鄰居家裡，便出門尋找鑽石。但他走啊走，卻怎樣也找不到寶藏，失望的他最後投海死了。而買下阿利房子的人，有一天牽駱駝去喝水時，卻在後院的小河裡意外的發現了許多鑽石。

賽賽主公說：

如果阿利不離開家，只要挖掘自家後院、麥田，那麼他將會擁有所有的鑽石。所以說，不該一味去身外尋找，而要去發掘自己所擁有的才能與天賦，這才是屬於自己的鑽石。請你發掘自己心靈的鑽石吧。

沙石堆裡的鑽石

一個商人的兒子，總是跟父親抱怨：「我一點也不差，但為什麼其他人都有那麼好的機遇，而我卻沒有呢？」

父親嘆了一口氣說：「你總是跟你那群朋友們一樣，那怎麼行呢？想讓機遇來找你，你必須得多點什麼？」

看著兒子一點都聽不懂他的意思，於是父親從自己的珠寶箱裡取出一顆閃閃發光的石頭說：「這是一顆鑽石，你想要它嗎？」

商人的兒子兩眼發亮的說：「我怎麼會不想要它呢？傻瓜才會不想要，這是鑽石啊！」

商人把兒子帶到一堆沙石旁撿起一顆石頭說：「這是一顆沙石，我現在把它丟進這沙石堆中。你能很快找到它嗎？」商人說著，就將那顆石頭粒丟到了沙石堆中，並用腳尖輕輕的將沙石攪了攪。

商人的兒子馬上蹲在那堆沙石堆上翻找那顆石頭。他撿來一根小木棍，仔細的將那堆沙石翻過來又攪過去，翻得滿頭大汗，但找了半天卻還是沒有找到那顆石頭。商人笑笑的從口袋裡掏出那顆鑽石說：「現在，我將這顆鑽石也丟到這堆沙石中，看你是否能夠很快找到。」

商人說著，也將那顆鑽石丟到了沙石中，還拿起了一把鏟子將那堆沙石翻了又翻，攪了又攪。

商人的兒子蹲下身子用小木棍翻著那堆沙石，要尋找父親丟下的鑽石，不久他就高興的說找到了。

商人笑著問兒子說：「剛才你為何翻了老半天都找不到那顆石頭，而鑽石你卻很快就找到了？」

商人的兒子說：「普通沙石跟其他沙石沒有什麼不同，所以很難找到。但是鑽石就不一樣了，它晶瑩剔透，又閃爍著炫人的美麗光芒，所以我一眼就能看到它。」

商人笑著說：「你總是埋怨好的機遇不找上你，那是因為你自己只是一顆普通的沙石。如果你是鑽石，就算是藏在大沙漠裡，機遇也會一眼就看見你的。」

賽賽主公說：

鑽石是什麼？它是晶瑩炫耀、價值不菲的寶藏。而每一個人最大的寶藏，莫過於各自所擁有的才能、天賦。它，便是我們的鑽石。

很多時候，我們也像商人的兒子一樣，總是埋怨著機遇不來光顧自己，老是羨慕別人的幸運。但如果我們只滿足於自己是一塊普通的石塊，只沉醉於自己和大多數人一樣，那麼機遇就算是翻找半天，它也無法找到你。

要讓機遇一眼就看見你，就必須先讓自己成為鑽石。

腳下的黃金

有個名叫傑瑞的農夫，多年以來一直靠種地為生，他有自己的農場，有自己天然上好的牧場，還有一片綠波起伏的新生橡膠園。幾十年來，雖說傑瑞一家積蓄的財富並不怎麼多，但依靠自己的莊園和勤勞，一家人倒也生活得其樂融融。

後來西部淘金熱盛行後，傑瑞看著一群群原本一無所有的淘金人，一夜之間不可思議的成了大富翁，就再也沒有心思經營農場了。他動員家人賣掉農場，然後全家一起跟著其他人到更遙遠的西部淘金去。

妻子勸他說：「傑瑞，我們這裡已經是西部了，為什麼還要去那麼遠？」

傑瑞說：「我們這裡已經是西部了沒錯，可是我們這裡沒黃金，黃金藏在更西邊的地方等著我們去挖掘。到那裡，我們很快就會變得富有，甚至很快可以成為百萬、億萬富翁。我們現在腳下有什麼？只不過是些沒有價值的泥土和雜草，這裡絕對找不到黃金的。」

在傑瑞的一意孤行下，全家人只好十分廉價的賣掉了農場、牧場和橡膠園，賣掉這原本屬於他們的一切，帶著簡單到幾乎不能再簡單的行李，加入了湧向西部的淘金隊伍。

五年後傑瑞回來了，他當然淘到了一點點黃金，但也沒有像當初夢想的那樣成為百萬富翁。而令傑瑞和全家人最吃驚的是……當初他家的農場、牧場和橡膠園，如今已經成了一座遠近聞名的金礦場。而且這裡的金礦掩層淺，礦石含金量卻出奇的高，據說還挖出了不少天然的顆粒金。

傑瑞怎麼也沒想到，原來自己的腳下就有金子，這讓傑瑞和全家人痛悔不已。

賽賽主公說：

美國西部探勘出蘊藏豐富的黃金時，成群的美東人懷著一夜暴富的狂熱夢想，捨家棄園，蜂擁到遙遠的西部去淘金。傑瑞的故事後來被美國人傳得家喻戶曉，一位美國哲人還曾為此撰文提醒世人說：「人人腳下有黃金，它可能離你只有一層淺土的距離，關鍵就看你肯不肯彎下腰去發掘它！」

你的腳下肯定也有黃金，重要的是你能不能彎下腰去發掘。

做自己的主人

蘇菲亞，是一位著名的女演員，也是世界影壇上一棵不老的常青樹。她與眾不同的美麗和出眾的氣質，幾十年來曾使無數的影迷為之傾倒。但童年的她，卻是一個沒有主見的人。

蘇菲亞的童年是在加拿大渥太華的牧場度過的，牧場附近有一所小學，蘇菲亞就在那兒讀書。有一天，她回家後很委屈的哭了，父親問原因，她哭著說：「班上有一個同學，笑我長得很醜，連走路姿勢也很難看。」

父親聽後，只是微笑。忽然他把手揚了揚說：「我能夠摸到我們家的天花板。」正在哭泣的蘇菲亞覺得很奇怪，不知道父親說什麼，於是停止了哭泣問父親：「你說什麼？」

「我能摸到我們家的天花板。」父親重複道。

蘇菲亞忘記了哭泣，她仰頭看看天花板。那將近四公尺高的天花板，父親能摸得到？她怎麼也不相信，於是她搖搖頭。

父親卻笑了笑得意的說：「不相信吧？那你也別相信那個同學的話，因為有些人說的話並不是事實。」

頓時，蘇菲亞明白了父親的用意：「不能太在意別人說什麼，遇事要自己拿定主意，做自己的主人。」

二十四歲那年，她已經是一位頗有名氣的演員。有一次她要去參加一個集會，但當天的天氣很不好，經紀人不希望她去，因為這樣的天氣下，會去集會的人不會很多，會場氣氛也不會很熱鬧，這樣會影響蘇菲亞的聲譽。而且蘇菲亞完全有條件把時間和精力用在一些大型的活動上，以增加知名度。但蘇菲亞還是堅持要參加這個集會，因為她事先已經承諾過主辦單位了。沒想到那次的雨中集會因為有蘇菲亞的參加，反而異常成功，而蘇菲亞的名氣和人氣也因此驟升。

後來，她決定離開加拿大到美國發展，進而聞名全球。

賽賽主公說：

只要你是對的，就不要輕易否定自己；只要你是對的，就要執著的堅持。人生成功的支點，常常就在於面對別人的紛紛否定，而自己的心靈卻從不迷失，堅定的做自己的主人。

在人生的道路上，一定要有自己的主意，學會學習、分析和思考，當面臨關鍵時刻的決策時，要適當的為自己做主，做自己的主人。

口吃的男孩

三個小男孩一起在暑假期間尋找打工的機會。正好有一位牧師需要人手幫他推銷《聖經》，牧師對其中的兩個男孩十分滿意，因為他們兩人口齒伶俐，對第三個男孩則不太滿意，因為這個男孩口吃得很厲害。但最終，牧師還是允許他們三人都去試一試。

第一天工作結束後，牧師來檢查成果。

牧師問第一個男孩：「你售出了幾本《聖經》？」

第一個男孩回答：「三十五本。」

牧師認為這不是他所期望的。然後，他問第二個男孩。

第二個男孩回答說：「七十五本。」

牧師說：「很好。」最後，他把目光轉向第三個男孩，儘管牧師對這個口吃的男孩不抱希望，但還是問了同樣的問題。

口吃的男孩結結巴巴的回答：「一百七十五本。」

牧師十分驚訝，問他如何能賣出那麼多本。

男孩說：「我……我……告訴他們，如果……他……他們不買，我……我……就要……為……為他們……讀……讀一篇聖經。」

牧師十分高興，把這個男孩抱起來稱讚他說：「你真是太厲害了！」這個男孩第一次認識到原來自己還有「厲害」之處。長大後，儘管男孩仍有口吃的毛病，最後卻成為了一位富有的商人。

賽賽主公說：

男孩之所以成功，不僅因為他收到了平生第一次最美妙的稱讚，更在於他善於把自己的缺點變為優勢。口吃這個缺點，使他在經商談判中被認為誠實可靠，這就是他善於發現自己本身優勢帶來的成果。

很多時候我們習慣躲在角落裡，一邊咀嚼著草根，一邊偷偷羨慕他人頭上成功的花環。我們習慣把發現自己的渺小之處作為一種謙遜的美德。其實，善於尋找自己的核心優勢才是彌足珍貴的人生態度。

李開復博士的故事

前微軟全球副總裁李開復博士說過一個故事。當年他在蘋果公司工作的時候，有一天老闆突然問他，什麼時候可以接替老闆的工作。他非常吃驚，卻也跟老闆表示，自己缺乏管理經驗和能力。但老闆說：「經驗和能力是可以培養和累積的。」而且希望他在兩年之後可以做到。有了這樣的鼓勵，李開復開始加強管理方面的學習和實踐。果然，兩年之後他真的接替了老闆的工作。

賽賽主公說：

發現了自己的核心優勢能力，還要善於運用，否則你的優勢就是白白浪費，毫無價值。就像一顆鑽石，如果它是沉在海底，就跟破銅爛鐵無異，只有把它撈起來真正使用，才能展現它的價值。

三個旅行者

三個旅行者同時住進了一間旅店。早上出門的時候，一個旅行者帶了一把傘，另一個旅行者拿了一根枴杖，第三個旅行者卻什麼也沒拿。晚上歸來的時候，拿傘的旅行者淋得渾身濕透了，而拿枴杖的旅行者則跌得滿身是傷，但是第三個旅行者卻安然無恙。前兩個旅行者很納悶的問第三個旅行者：「你怎麼會沒事呢？」

第三個旅行者沒有回答，而是問拿傘的旅行者：「你為什麼會淋濕而沒有摔傷？」

拿傘的旅行者說：「當大雨來到的時候，我因為有了傘，就大膽的在雨中走，卻不知怎麼淋濕了；當我走在泥濘坎坷的路上時，因為沒有枴杖，所以走得非常仔細，還專挑平穩的地方走，所以就沒摔傷。」

然後，第三個旅行者又問拿拐杖的旅行者：「你為什麼沒有淋濕而是摔傷了？」

拿拐杖的說：「當大雨來臨的時候，我因為沒帶雨傘，便挑能躲雨的地方走，所以沒有淋濕；但是當我走在泥濘坎坷的路上時，我便用拐杖拄著走，只是不知為什麼卻常常摔倒。」

第三個旅行者聽後笑笑說：「這就是為什麼你們拿傘的淋濕了，拿拐杖的跌傷了，而我卻安然無恙的原因。因為當大雨來時我躲著走，當路不好時我細心的走，所以我沒有淋濕也沒有跌傷。你們的失誤就在於你們有仰賴的優勢，但是有了優勢便少了憂患意識。」

賽賽主公說：

許多時候，我們不是跌倒在自己的缺陷上，而是跌倒在自己的優勢上。因為缺陷常能提醒我們，而優勢卻常常使我們忘乎所以。

人生的訣竅就是經營自己的優勢。在人生的座標裡，一個人如果站錯了位置，用他的短處而不是長處來謀生的話，可能會在永遠的卑微和失意中沉淪。成才的道路有千萬條，每個人都可以選擇一條適合自己的路來走，最關鍵的不是向別人看齊，而是能夠對自己做出正確的評估，如果只看見自己的短處而看不見自己的長處，或者誇大短處而縮小長處，這都是自卑的表現。拿自己的短處去跟別人的長處相比，任何人都無法產生自信的。

老闆與打工者的差別

世界最大的產業公司裡雖有雄才大略的人，但也不乏小人物來幫襯。

有位約聘人員，她的工作就是成天幫人端茶倒水，抹洗清掃公司，她覺得能摸摸辦公室的傳真機都是項奢侈。口袋裡的薪水是唯一安定的理由，但現實的巨掌卻毫不留情的打破了她小小的快樂。

有次她外出購買辦公用品回公司時，警衛把衣著寒酸、推著手推車的她拒於門外，還口氣強硬的要她拿出外出證明。偏偏那天她忘了帶，於是就因沒有外出證明而被晾在了門口。

警衛酷酷的姿態與來往人們異樣的目光，慢慢燒毀了她的自足感，恥辱與憤怒卻一點一點的燃燒起來。她告訴自己：「這種日子不會太久的，我絕對不允許自己再被攔在公司門口。」敏感加上好強，她從此更努力更謹慎。

又有一次，她居然被懷疑成是偷喝別人咖啡的小賊，原因只是因為辦公室裡她地位最低。面對那位態度拔扈指責她的同事，她氣得渾身發抖，也不顧所謂的職場尊卑據理力爭。後來雖然風波平息了，但是她的內心卻狂瀾依舊。

她開始利用一切機會充實自我，每天最早到公司最晚離開，將時間都花在學習和工作上。很快的她就脫穎而出，在同一批約聘人員中她第一個做了業務代表。接著她又依靠超人的實力成為經理，也是第一位能參加公司高層策略研究的人。最後，她終於達成美夢，成為ＩＢＭ華南分公司的總經理。

吳士宏女士，她從沏茶倒水、打掃衛生的小角色做起，而她挑戰自卑的勇氣與信心卻令人汗顏。老闆與受雇者的差別就在這裡，前者抗爭，後者屈服。不卑不亢，不屈不撓，想不成功也難。但要做到這一點卻不是那麼容易的事，因為很多人在困難面前太容易服輸。

賽賽主公說：

每個人身上都蘊藏著一份特殊的核心優勢，那份優勢猶如一位熟睡的巨人，等著我們去喚醒它。上天決不會虧待任何一個人，會給我們每個人無窮無盡的機會去充分發揮特長，無論別人如何評價我們，無論我們年紀有多大，無論我們面前有多大阻力，只要相信自己，相信自己的核心優勢，就會有所成就。世界本來屬於我們，只要抹去身上的浮灰，就一定會有所作為，創造奇蹟！

發現自己的優點

雅晴從事祕書工作已經八年，文靜嫻熟的她，一直以為祕書是最適合自己的職業。不過在一段可怕的職場倦怠期後，她求助了職業諮詢師。在經過專家的測驗、分析後，她毅然選擇辭職，決定開始做地產銷售這行業。就算原公司提出優渥年薪要留人，雅晴仍然決定辭職。

經過一年的銷售地產工作後，雅晴發現自己的性格，在銷售行業上原來具有那麼大的爆發力和潛能。不到三年，她就當上了地產集團的銷售總監，年薪千萬。

她找到了自己的長處，讓自己的潛能得到了最大的發揮並闖出了一番新天地。

賽賽主公說：

每個人都有自己與生俱來的不足，可能你還沒有發現自己的優點。

在現實生活中，要善於發揮自己的長處，把好的一面展現在世人面前，只有這樣，別人才能忽略你的不足，看到你的美麗。正視自己的不足，看到自己美好的一面，要發揮自己的長處，使自己的優點成為人們心中美的象徵。經營自己的長處，保持熱情並充分地加以利用，也許你就能因此而改變自己的命運。

天生我材必有用

一位名叫武田春仁的日本人，被總公司派到中國分公司之後，他問了自己一個問題：「我能夠為公司貢獻什麼？」為了回答這個問題，他開始分析自己的長、短處。

在台灣出生的他能說一口流利的中文，不僅如此，他對於中國文化也非常熟悉，所以能夠理解中國員工的想法。他發現，能和中國員工直接溝通是他具備的最大優勢。而促進員工和管理階層的溝通，增進員工對於公司的歸屬感，則是他可以為公司做出的貢獻。而短處呢？就是他在管理方面的經驗還較欠缺，對中國現在的經濟形勢也缺少研究。

於是，他採用各種管道和員工溝通。在各種場合，他一律都講中文，很快的，大家都知道這個總經理喜歡講中文。走在公司裡，他會停下腳步來和員工交談；晚上他則會找幾個員工一起吃飯；休假日他還會到員工的家裡拜訪，或者帶著幾個員工去打網球；他也會用中文寫電子郵件給員工。

漸漸的，他發現員工們越來越喜歡和他交流了，而且他們會提出很多有建設性的建議，並比以前更加積極主動投入公司的事務中。對於員工的建議，武田春仁都會很認真的研究並及時回覆員工的意見。

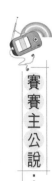

他舉了一個例子：一些員工提出了公司在培訓發展體系裡不足的地方，現在部長級的管理者都是日本公司派來的，這邊的員工最高只能升到課長，而他們希望也有升到部長的機會。武田春仁認真的接受了這個建議，他跟日本總公司的MBA培訓機構聯繫，希望可以幫助培養員工成為課長、部長甚至總經理。經過一段時間的努力，武田春仁個人的業績也直線上升。

賽賽主公說：

美籍華裔科學家、諾貝爾物理學獎得主楊振寧教授，年輕時到美國留學並且立志要寫一篇實驗物理論文，但後來他發現自己的能力不足，便在導師的勸告下放棄實驗物理，全面轉而投入了理論物理的研究。這關鍵的一步對他來講實在是非常重要。後來他還曾在《讀書教學四十年》一文中幽默的寫道：「這也是我今天不是一個實驗物理學家的原因。但是有的朋友也說了，這可是實驗物理學的幸運。」

天生我材必有用，即使是再愚蠢的人，也一定有自己的長處。我們往往羨慕別人所擁有的優點，而忽略了自己本身具有的優點和長處。善於發揮自己的特長，是現代人應具有的本領之一。

被名校退學的成功者

在美國耶魯大學三百週年校慶時，甲骨文行政總裁艾禮森應邀參加典禮。

他當著全體與會者的面說：「所有哈佛大學、耶魯大學等名校的師生都自以為是成功者，其實你們全都是失敗者，因為眾多最優秀的人才非但不以哈佛、耶魯為榮，而且常常堅決的捨棄那種榮耀。世界首富比爾．蓋茲，中途從哈佛退學；世界第二富豪保爾．艾倫，他根本就沒上過大學；世界第四富豪，就是我艾禮森，還被耶魯大學開除；世界第八富豪戴爾，只讀過一年大學；微軟總裁史蒂夫．鮑爾默在全球富豪榜上大概排在十名外。他與比爾．蓋茲是同學，為什麼成就差一些呢？因為他讀了一年研究所後才戀戀不捨的退學……」

不過艾禮森接著又把話鋒一轉：「但是在座的各位也不要太難過，你們還是很有希望的，你們的希望就是，經過這麼多年的努力學習，終於贏得了為我們這些退學者、未讀大學者、被開除者打工的機會。」

多少年來，哈佛、耶魯這樣的名校在世人的心目中有著舉足輕重的地位，人們毫不懷疑的認定進了這樣的學校，就等於打開了成功之門。可是，令人意想不到的是，全球第二大軟體公司甲骨文的行政總裁、世界第四富豪艾禮森，竟把哈佛、耶魯大學等名校的師生都稱為失敗者。

艾禮森這番驚世駭俗的言論，雖然有些過於狂妄。但不可否認的是，他所列舉的這些人，確實都是沒有大學畢業證書，但卻獲得了巨大成功的人。這是因為他們都及早發現了自己的核心優勢，並果斷地去經營自己的優勢，所以他們的成功就不足為奇了。

賽賽主公說：

一個人能否成功，關鍵在於能否準確識別並全力發揮自己的核心優勢，那就是天賦和性格。雖然有時可能沒有所需要的知識和技能，也還是能建立一種優勢。就像有的人是「天生」的銷售員，雖然對產品所知寥寥，僅憑其如簧之舌就足以說服客戶購買。但是，缺少必須的天賦是絕不可能建立優勢的。因此，「揚長避短」最重要的是，要揚「性格天賦」之長，避「性格天賦」之短。

給自己一個獎勵

人需要一種力量，這種力量能夠支撐我們繼續努力或者讓我們更有鬥志，這就是獎勵的力量。很多時候，人們總認為獎勵是要靠別人給，但是實際上在適當的時候，也需要幫自己打氣或鼓勵，那是更好的興奮劑。

在實現了某個計劃時，可以自豪的跟自己說聲：「你真棒！」或者可以吃頓大餐來獎勵一下自己，這不僅能讓你放鬆，更能激發你繼續前進的動力。

有的人透過言語來獎勵自己，有的人則通過行動。請不要吝嗇對自己讚美，在適當的時候為自己頒獎。會獎勵自己的人，更能知道如何一直保持旺盛的精力，而這樣的人更容易接近成功。

賽賽主公說：

通常，我們會認為別人給自己獎勵是理所應當的，因為自己付出了許多也做出了很大的貢獻。而在內心的國度裡，如果擅自褒獎自己，又有自大的嫌疑——雖然在心底，只有我們自己才明白要的是什麼、在乎的是什麼。

要別人去揣測你的心理，是我們無法企求的……與其這樣，不如偶爾給自己一個獎勵吧：把你的內心渴望說出來，把誠實的幸福感受說出來，把你願意與人分享的快樂拿出來，當然還包括能夠真實地執著你的夢想與追求。

魯班找徒弟

四個來自不同方向的青年來找魯班，他們希望能拜魯班為師，從他的手裡學到精湛的木工手藝。只見魯班拿出四把沒有柄的斧頭，對這四位年輕人說：「翻過西山的六個山頭，有一片灌木林。我的每一把斧頭都需要一根灌木做柄。你們四個人去吧，回來後，我就把全部的手藝都傳授給你們。」

魯班的家人從廚房拿出四個乾糧袋，裝入了等量的燒餅和雞蛋對四個人說：「這是路上的食物。」四個青年拿起斧頭，揹起乾糧上路了。

熱辣的太陽，滿路的荊棘，讓四個青年感到又渴又餓又苦又累。當爬到第一座山頭的半山腰，四個人坐在溪邊的草地上，喝了幾口甘泉然後打開了乾糧袋。乾糧袋裡有六個燒餅和六個雞蛋。

一個青年建議說：「我們應該等爬到山頭再吃！」

另一個青年笑說：「別傻了，現在我們又餓又累，還要揹著沉甸甸的乾糧袋，現在吃點東西既能解決飢餓問題，又減輕了身上的負擔……」說完便拿起燒餅雞蛋塞進嘴中。

看到他吃得津津有味，另兩位青年嚥了幾口口水，也拿起燒餅雞蛋吃了。其中一個青年吃了三個燒餅三個雞蛋，然後躺在草地上拍拍隆起的肚皮說：「好飽呀！我爬不上去了，這路途真是又苦又累。待會兒我就下山，剩下的食物正好夠我路上吃。」

於是，剩下的三個人繼續前行。

到了山頂，三個青年在樹下歇息，半路沒有吃東西的青年，打開乾糧袋，拿出一個燒餅一個雞蛋說：「終於爬到山頂了，這就當作是對自己的獎勵吧！」

「對，我們已經過了一關，是應該獎勵一下自己！」另兩個青年也打開乾糧袋吃了起來……

才到第二座山的半山腰，其中一位青年的乾糧袋也空了。他躺在草地上懶懶的對其他人說：「你們兩個走吧，我已經受不了這種磨難了。」

剩下的兩個人繼續前行，到了山頂，兩個青年在樹下歇息。其中一位青年，打開乾糧袋，拿出一個燒餅，一個雞蛋說：「終於又爬到了一個山頂！」

另一個青年吃完自己最後的一個燒餅，一個雞蛋後，望著眼前還有四座山峰說：

「求師的路太艱難了，你還是一個人去吧！」

最後剩下的這個青年，每到一個山頭，總會滿臉笑容地打開乾糧袋，對自己進行成功的獎勵……翻過最後一個山頭，青年終於看到了師傅所說的那片灌木林。只見在灌木林旁邊一塊大石上，魯班師傅笑瞇瞇的坐在上面。青年連忙上前叩拜，魯班拉起青年問：「其他人呢？」

青年說：「他們都在半路放棄了！」

「那你為什麼能一直堅持走下來？」

青年拍拍空空的乾糧袋說：「因為有師傅給我的食物作獎勵，讓我爬到一個山頭，就會嘗到一份成功的喜悅……」

不等青年說完，魯班便哈哈大笑起來說：「好，我就收下你這個徒弟了……」

賽賽主公說：

最終成為魯班徒弟的這個青年，就是很會在適當時候為自己頒獎的人。他沒有把食物一次吃完，而是把它當成登上每個山頭的獎勵，所以一路上他都保持著熱情，這份熱情也伴隨著成功到達了目的地，並得到了魯班的賞識。

學會獎勵和欣賞自己的人總是從從容容，能夠獎勵和欣賞自己的人總不孤寂；善於獎勵和欣賞自己的人，在自我調節中會為自己去掉「最高分」和一個「最低分」；能擴張獎勵和欣賞自己的人，對他人來說絕對是一個「吉祥物」——充滿愛心與友誼，也讓朋友更喜歡親近他。

鞋匠的兒子

被公認為美國歷史上最偉大的總統林肯，他當選總統那一刻，整個參議院的議員都感到尷尬，因為林肯的父親是個鞋匠。當時美國的參議員大部分出身望族，自認為是上流、優越，從沒料到要面對的總統，居然只是一個鞋匠的兒子。於是林肯首度在參議院演說之前，就有參議員計劃要羞辱他。

當林肯站上演講台的時候，一位態度傲慢的參議員站起來說：「林肯先生，在你開始演講之前，我希望你記住，你只是一個鞋匠的兒子。」這番話讓在場所有的參議員都大笑起來，為雖然不能打敗他，卻能羞辱他而開懷不已。

林肯等到大家的笑聲停止後說：「我非常感激你使我想起我的父親，他已經過世了，但我一定會永遠記住你的忠告。我永遠是鞋匠的兒子，我也知道，我當總統永遠無法像我父親做鞋匠做得那麼好。」

這時參議院陷入一片靜默，林肯轉頭對那個傲慢的參議員說：「據我所知，我父親以前也為你的家人做過鞋子。如果你的鞋子不合腳，我可以幫你改正它，雖然我不是偉大的鞋匠，但是我從小就跟隨父親學到了做鞋子的手藝。」

然後他又對所有的參議員說：「我對參議院裡的任何人都是一樣的，如果你們穿的那雙鞋是我父親做的，而它們需要修理或改善，我一定盡可能幫忙。但有一件事可以確定，就是我無法像他那麼偉大，因為他的手藝無人能比。」說到這裡，林肯流下了眼淚。

所有的嘲笑聲卻全部化成讚嘆的掌聲。

賽賽主公說：

林肯沒有成為偉大的鞋匠，但成為偉大的總統。他被認為最偉大的特質，就是他永遠不忘記自己是鞋匠的兒子，並引以為榮。

通往成功的路是艱難坎坷的，但學會時刻為自己頒獎的人，似乎離成功會更近一些。那些批評、訕笑、毀謗的石頭，有時正是通向自信、瀟灑、自由的台階。那些沒有被嘲笑與批評的黑暗所包圍過的人，就永遠無法在心裡點起一盞長明之燈。

世界上誰最快樂？

有一道問答：「在這個世界上誰最快樂？」被評選出的四個最佳答案分別是：

一、作品剛完成，自己吹著口哨欣賞的藝術家。

二、正在築沙堡的孩子。

三、忙碌了一整天後，幫嬰兒洗澡的媽媽。

四、經過緊張而勞累的手術，終於挽救了患者生命的醫生。

這些答案，說明了要獲得快樂並不困難，重點在於自我創造和自我感受。

每一個人都是一道風景，或平凡或美麗；每一個人都是一個故事，或曲折或平淡。沒有人不喜歡被獎賞，因為那是一種真誠的讚美，那是一個由衷的祝福。一帆風順當然好，可是經歷苦難而不退縮的人更令人讚歎。成功的狂喜，屢敗屢戰的鬥志，都是彌足珍貴的。

賽賽主公說：

給自己一個獎勵，是一種獲得快樂的最佳方式，就是給自己一個肯定，一份信心和一個繼續努力的支撐。誠如一位哲人所說：「如果事業是一種樂趣，那麼，給自己一個獎勵就是這種樂趣的催化劑，能激發自己輕裝前進。」進取之路多艱難，成功實屬不易，給自己一個獎勵，也是一種豁達的人生態度。

含在嘴裡的鵝卵石

希臘有一個大政治家叫狄摩西尼。天生的不幸，使他的齒唇上留有缺陷，讓他說話含糊不清，難以與人溝通、交流。這缺陷很令他苦惱。

後來為了糾正這個毛病，狄摩西尼找來一塊小鵝卵石含在嘴裡練習說話。有時跑到海邊，有時跑到山上，儘量放開喉嚨背誦詩文，練習一口氣念好幾個句子。長時間的練習，讓石子磨破了他的牙齦，所以每次練習都弄得他滿嘴是血。血染紅了他嘴裡的那塊石頭，但這些困難並沒有使他放棄練習，直到他能口齒流利，能與人侃侃而談為止。

賽賽主公說：

人生在世，每個人都在不懈地追求、奮鬥，為自己，為家人，為國家。然而，由於主客觀原因，要做成一件事又那麼不容易。有時候，我們的心中時常會萌生出一些美好的願望，並按照這美麗的線索，去尋找自己生命的春天。但是自身的缺陷、懶惰、怯懦等卻常常束縛著願望遠行的腳步。為此，雙方總要在內心深處較量一番，在心中拔河。每個人都不想做個失敗者，那麼何不在平日裡就為美好的願望多多加油！

其貌不揚的總統

有個人，長的其貌不揚。當他走在路上時，路上的行人都不禁要轉頭對他多看一眼。他從不修飾自己的外表，也不在乎衣著。總是穿著窄窄的黑褲子，傘套似的上衣，加上高頂窄邊的大禮帽，彷彿要故意襯托出他那瘦長的個子。他連走路的姿勢都不好看，雙手總是晃來蕩去。

他直到臨終，甚至已經身任要職，仍然不穿外衣就去開門，仍戴手套去歌劇院，往往在公眾場合忽然憂鬱起來就不言不語。無論在什麼地方，即使是在法院、講台、國會、農莊，甚至於在他自己家裡，他處處都顯得不得其所。他不但出身貧賤，而且身世低微，母親是私生女，他一生都對這些缺點非常敏感。

沒人出身比他更低，但是也沒人比他職位更高。他熱愛事業、熱愛生活，有著勇於進取的人生態度，他就是美國總統——林肯。

賽賽主公說：

人往往因為早年的弱點而獲得他們奮力以求的成就。這就彷彿有個柵欄，柵欄越高，你跳得也越高。

農民要獲得豐收，就要默默耕耘；工人要刷新生產記錄，就要揮灑汗水；軍人要履行職責，就要歷盡艱辛；科技工作者要取得創新成果，就要頑強拚搏……而這一切都需要勇氣和智慧，都需要付出心血和汗水。一旦成功的花兒綻開了，就是對這種努力的肯定，也是最好的自我慰藉。

鐵木真的求救

鐵木真當年進攻蒙古蔑乞兒部時，兵力不濟，後來他聯合草原雄鷹札木合，一舉殲滅蔑乞兒部。等到他與札木合爭雄時，又聯合王罕打敗了札木合。天之驕子成吉思汗，因善於發出合作信號，借助他人力量，奠定其草原霸主地位。

比爾．蓋茲說過：「一個善於借助他人力量的企業家，應該是一個聰明的企業家。在辦事的過程中善於借助他人力量的人，也是一個聰明的人。」

賽賽主公說：

在自己的力量還沒有足夠強大的時候，及時發出合作信號，借助他人的力量，是走向成功的捷徑。要獲得進一步發展，學會拜託別人，這意味著少走冤枉路，就能及時的解決問題。

太子之爭

漢高祖劉邦共有八個皇子，生母不一。為了爭奪太子之位，展開了子與子、母與母之間的明爭暗鬥。

劉邦有位愛姬戚夫人，她想要劉邦廢除太子，改立自己的兒子如意為太子。於是呂后想盡辦法要保住兒子劉盈的太子地位，她找了張良幫忙。

此時張良獻上一計：「皇上一直想招聘四位隱居的賢人出山，但他們始終不肯。妳若能將他們迎為賓客，太子常請此四人赴宴，必會被皇上看見而問其原因。」

果然不出張良所料，高祖以為劉盈為人恭敬仁孝，天下名人慕名而來，最後打消了廢去太子的念頭。

劉盈的成功完全是因為借助了四大賢人的盛名，借助他們的名望保住了太子的地位。

賽賽主公說：

一個人的力量畢竟是有限的，想在人生道路上獲得成功，除了靠自己的努力奮鬥之外，有時需要借助他人的力量。不懂得或不善於利用他人力量，光靠單槍匹馬闖天下，在現代社會裡很難有大作為。

現實社會是很複雜的，每一個人都活在盤根錯節的關係網中；每件事也都在明處、暗處，交織在錯綜複雜的關係網中。不善於利用關係的人，很少能把一件事順順利利完成。而那些善於利用關係的人，辦起事來則如魚得水。

辦好事情的關鍵

幾乎每一個到某社區租房子的人都會找余小姐幫忙，為什麼呢？

原因就在於，余小姐和大門口的警衛們關係處得非常好。而警衛等於是社區的一扇窗口，每次有人要租房子，第一個就是問他們：「這裡有沒有人要出租房子？價錢是多少？」

只要有人向這些警衛詢問消息，警衛每次的回答都是：「你去問問住在八樓的余小姐，她有很多租屋訊息，你就不需要再去找其他仲介公司了！」

那位余小姐在大樓裡一共住了十八年，而且單靠做出租房屋的仲介就賺了很多錢。

為什麼管理員會對余小姐這麼好呢？因為在這之前，每一天從大門經過的時候，余小姐總是向他們打招呼，把這些警衛當成自己的朋友，平常有好吃的，也記得拿出來與他們分享，這些都是出自內心的感謝以及報恩。這些警衛自然對余小姐心存感激，自然願意幫她的忙了。

賽賽主公說：

她的做法告訴我們：能辨好事情的關鍵並不在於你多麼聰明、懂得算計，這些都是次要的。善於利用自己周圍的關係，並把這些關係發揮到最大的限度，才能為自己的成功助一臂之力。

用八十美元環遊世界

有一位叫做羅伯特．克里斯托佛的美國人，他異想天開的想用八十美元周遊世界，並堅信自己能夠實現。於是，羅伯特找來一張紙，寫下他八十美元周遊世界的準備工作，包括：設法領取到一份可以上船當水手的文件；去警察局申請無犯罪記錄的證明；取得美國青年協會的會員資格；考取一個國際駕照，找來一份國際地圖；與一家大公司簽訂合同，為其提供所經過國家和地區的土壤樣品；和一家航空公司簽訂協議，可免費搭機，但要拍攝照片為該公司做宣傳；……

當羅伯特完成上述準備後，年僅二十六歲的他真的在口袋裡裝好八十美元，就開始了全球旅行。以下是他旅行的一些經歷：

在加拿大巴芬島的一個小鎮用早餐，不付分文，條件是為廚師拍照。在愛爾蘭，用四點八美元買了四箱香煙，從巴黎到維也納，運費是送給船長一箱香煙。從維也納到瑞士，列車穿山越嶺，車資只需要四包香煙。幫伊拉克運輸公司的經理和職員攝影，得到免費到達伊朗的德黑蘭。在泰國，由於提供給酒店老闆某一地區的資料，受到酒店貴賓式的待遇……

最後，因為自己的努力，羅伯特真的實現了八十美元周遊世界的夢想。

賽賽主公說：

用八十美元周遊世界，這是一件多麼不可思議的事情！但是羅伯特做到了，而且完成得很輕鬆。在整個過程中，他做得最多的就是尋求別人的幫助，讓別人來實現他的願望。所以他只用八十美元就實現了周遊世界的夢想。

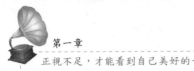

善於利用他人之力

美國石油大王洛克菲勒說：「我願意付出比得到任何其他本領更大的代價，來獲取與人相處的本領。」

一位學者經過長期研究得出結論說：「一個人的成功，知識的作用只有百分之三十，而其餘的百分之七十則取決於人際關係。」所以無論你辦任何事情，如果你有能利用的關係，就等於在成功的路上走了百分之七十的路程，在個人幸福的路上走了百分之九十九的路程。

赤手空拳打天下，白手起家是不存在也是不現實的。凡成功的人必是善於利用他人之力，進而使自己擁有一對翱翔天空的豐滿羽翼，比其他人升得更快，飛得更遠。善於利用關係，辦起事來將如虎添翼。

善於及時發求救信號，利用關係，任何事在你的手中都會得到很好的解決，關係是一筆財富、一種力量，它能使你如魚得水！

賽賽主公說：

樂於求助也樂於助人，適當地釋放問題的信息，讓週遭的人可以一起腦力激盪，集思廣益，何樂而不為？樂意別人的參與，自然有貴人相助。願意求援，自然多一些出路。誰說你身邊沒有貴人？只怕你太少給別人機會。

善於及時發求救信號，請教別人、拜託別人的人，做事會更有效率。自己摸索了老半天才能弄懂新軟體的使用方法，不如直接請教熟練的朋友，或許十分鐘內就能搞懂。敢問人、敢求人的人，多數都有自我主導的人生態度，這也是一種成功者的心態。

第二章

有問題，就有解決方法

我們存在的方式之一，就是思考。有時候，思考就是唯一的存在證明。思考是與生俱來的權利，但常常被我們放棄。有時候我們接受信仰，有時候我們求助於神靈，有時候我們做植物狀毫無反應，但是思考一直在進行。思考可以把握無遠弗屆的世界，可以把握深邃的內心，可以超越自我，可以給他人力量。思考是無所不能的，如果是正確思考的話。它是人生的枴杖，也是人生的解剖刀，我們不願意思考，是不願面對赤裸裸的現實或自己的內心。思考可以指導人的行動，可以豐富人的內心，可以導致友善或者傷害的行動，可以依靠思考謀取生活資源，它能帶來快樂和智慧。

黃金兩小時

拿破侖．希爾有次去見一位專門以出售主意為職業的教授，結果卻被教授的祕書攔住了。拿破侖．希爾覺得很奇怪：「像我這樣有名望的人來見教授也要擋駕的嗎？」

祕書回答：「這時候，教授誰也不見，即使美國總統現在來，也要等兩個小時。」

拿破侖．希爾猶豫了一會兒，雖然他很忙，但他仍然決定等這兩個小時。兩個小時後，教授出來了，希爾問他：「你為什麼要讓我空等兩個小時？」教授告訴希爾：他有一個特製的房間，裡面漆黑一片，空空蕩蕩，只放著一把躺椅，他每天都會準時躺在椅子上沉思兩個小時。此時的兩個小時，是他創造力最旺盛的時候，很多優秀的主意都來自於此時，所以這時他誰也不見。

聽完教授的說明，拿破侖．希爾內心突然湧起了一股意念：運用思考才是人生成功的要訣。因此，拿破侖．希爾寫下了使他名揚世界的著作《思考致富》。這本書出版後再版了許多次，且深受廣大讀者的喜愛。因為這本書深刻地揭示了如何運用我們的大腦去獲得成功。

賽賽主公說：

思維是人們思考問題的過程，是人腦對客觀事物的認識過程。思維能力就是解決問題的能力。日常生活中所說的「讓我想一想」、「我再考慮考慮」中的「想」與「考慮」指的就是思維。

據說，諾貝爾獎獲得者英國物理學家約瑟夫·湯姆森和歐內斯特·盧瑟福一共培養出十七位諾貝爾獎獲得者，這些天才們不僅懂得如何去思考，改變了自己的人生軌跡，而且為我們的社會發展做出了巨大的貢獻。任何人要取得任何意義上的成功，都必須運用頭腦去思考。

廢料變黃金

在奧斯維辛集中營，一個猶太人佛拉爾對他的兒子傑爾說：「現在我們唯一的財富就是智慧，當別人說一加一等於二的時候，你應該想到大於二。」

納粹在奧斯維辛毒死數十萬人，但是他們父子倆活了下來。後來，他們來到美國，在德克薩斯州做銅器生意。一天，佛拉爾問兒子傑爾一磅銅的價格是多少？傑爾答三十五美分。佛拉爾說：「對，整個德克薩斯州都知道每磅銅的價格是三十五美分，但作為猶太人的兒子，你應該說三點五美元。你試著把一磅銅做成門把看看。」

二十年後，父親死了，傑爾獨自經營銅器店。他做過銅鼓、做過瑞士鐘錶的簧片、做過奧運會的獎牌。他曾把一磅銅賣到三千五百美元，那時他已是傑爾公司的董事長。

然而，真正使傑爾揚名的是紐約州的一堆垃圾。美國政府為清理自由女神像翻新後所遺留下的廢料，向社會廣泛招標，但好幾個月過去了，都沒人去標下這工程。

正在法國旅行的傑爾聽說後，立即飛往紐約，在看過自由女神像下堆積如山的銅塊、螺絲和木料時，他未提任何條件隨即就簽了字訂下標案。紐約許多運輸公司，對他這種絕對會虧錢還做的愚蠢舉動都暗自嘲笑。因為在紐約州，垃圾處理有嚴格規定，做不好會受到環保組織的抗議及起訴。就在大家等著看這個猶太人的笑話時，傑爾開始要工人對廢料進行分類，他要工人把廢銅熔化，鑄成小自由女神像；把木頭等加工成底座；廢鉛、廢鋁做成紐約廣場的鑰匙圈……

最後，傑爾甚至把從自由女神像身上掃下的灰塵都包裝起來，出售給花店。

不到三個月的時間，他讓這堆廢料變成了三百五十萬美元，每磅銅的價格整整翻了一萬倍。

賽賽主公說：

當你認為一加一應該等於二，而傑爾卻認為一加一永遠大於二。

英國劍橋大學的迪．博諾教授說：「一個人很聰明或智商很高，只是說明他有創造的潛力，但並不說明他很會思考。智力和思考的關係，就好比一輛汽車與司機駕駛技術的關係，你可能有一輛很好的汽車，但如果駕駛技術不好，同樣不能把車開好。相反的，儘管開的是一輛舊車，但是你的駕駛技術高超，照樣能把車開好。智商高和會思考之間不是等號。」

世界上最簡單的事情

哥倫布是世界上最偉大的航海家之一，為了橫越大西洋，他籌劃了十八年。其間，他受盡了別人的嘲笑和奚落，被認為是愚蠢的夢想家，並且幾乎沒有人相信他能橫越大西洋而有激動人心的新發現。

經過無數次辯論和遊說，他的真誠和信念最終感動了西班牙國王和皇后，他們給了哥倫布遠航的船隻。哥倫布成功的渡過了大西洋，並發現了美洲大陸。當哥倫布回到西班牙時，他發現新大陸的消息不脛而走，舉國上下一片歡騰，人們對他充滿了崇敬之情，國王和皇后也在宮廷裡宴請他，並異常興奮的聽哥倫布講述他在航海過程中遇到的奇聞軼事。

哥倫布的成功和榮耀引起了很多人的妒忌。

「這位哥倫布是何方神聖？他做了什麼了不起的事情？」他們說，「他不就是一個貧窮而喜歡做白日夢的義大利窮舵手嗎？別的航行者誰不能像他一樣橫渡大西洋呢？」

一位西班牙貴族為了向哥倫布表示欽佩，在家中宴請哥倫布。席間有幾位狂妄自大的陪客，對哥倫布卻有點不屑。「你在大西洋彼岸偶然發現了幾塊陸地，這有什麼了不起的？」

他們向哥倫布說，「真搞不懂，這麼一點小事又有什麼值得說的？誰都可以橫渡大西洋，誰都能發現那些上帝安置在那的大陸，這是最簡單的事情了。」

哥倫布默然無語，等到他們說完話後，他從盤子裡拿出來一個雞蛋，然後說：「在座的諸位，有誰能把這顆雞蛋立起來？」

在座的賓客一個個嘗試著把雞蛋立起來，然而雞蛋卻立不起來，最後大家都認為這是不可能的事情。這時，哥倫布順手拿起那個雞蛋，把雞蛋稍尖的一端往桌沿上輕輕一敲，敲破了一點蛋殼。這樣一敲，雞蛋就毫不費勁地立了起來。

哥倫布表情嚴肅地說：「各位，你們都說雞蛋不可能立起來，可是還有比這樣做更容易立起來的方式嗎？世界上最簡單的事情，等他知道應該怎麼做之後——誰都能做到的。」

賽賽主公說：

人們只有用銳敏的眼睛去觀察世界，用善感的心靈去洞察事物，學會靈活機變地思考周圍的一切，才能在看似平凡簡單的事物中有所發現和創新。

任何人要取得成功，都必須運用頭腦去思考。

假扮火星人的父親

著名的理論物理學家費曼，獲得了一九六五年諾貝爾物理學獎。從小，他的父親就非常善於向孩子提問。

為了引導孩子思考關於地球的問題，父親讓費曼假想自己遇見了火星人，而火星人問費曼許多關於地球的問題，比如：「為什麼人類要在夜晚睡覺呢？」「你們的地球為什麼會有引力呢？」父親甚至把自己扮演成火星人，與孩子一起討論這些問題。

當費曼長大一些時，父親就帶他去博物館參觀，引導孩子對博物館的事物產生好奇，父親則透過提問來激發孩子的興趣。後來，父親還讓兒子讀《大不列顛百科全書》，然後再向兒子提問，對於兒子無法理解的事物，父親會用自己的方式耐心的跟他解釋。

後來，費曼愉快的說道：「沒有壓力，只有可愛的、有趣的討論。」

這些提問和討論，激發了費曼的熱情。很快的，他開始喜歡上《大不列顛百科全書》，他還找到一本舊的課本，自己學起了幾何學。從此費曼對百科全書上的科學和數學文章產生了極大的興趣，長大後也為人類做出極大的貢獻。

賽賽主公說：

費曼在二十四歲時獲得了博士學位，二十八歲時擔任了美國康奈爾大學教授，四十七歲時獲得了諾貝爾物理學獎。

拿破侖．希爾說：「思考能夠拯救一個人的命運。」事實也是如此，有思考力的人才會有創造力，才能掌握自己的命運。

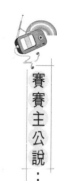

通往羅馬的道路

兩個學生伊凡和艾佛是大學同班同學。由於家境不好，所以兩人對父母能供養自己讀書都抱著感激之情。

伊凡認為，應好好讀書，每個學科都要爭第一；艾佛認為，應打工賺錢，好減輕父母的負擔。伊凡每天一早第一個走進教室，每晚最後一個離開。他的筆記也是全班做得最完整的一個。老師非常喜歡他，讓他做了助教。

星期天，伊凡從不像其他學生那樣出去郊遊、逛街，他認為那樣對不起父母。為了多學點東西，也為了出社會能找個好工作，課餘時間，他選修了心理學、邏輯學、公共關係學等本科系之外的學科。一有空，他就到圖書館翻資料、做筆記。由於伊凡勤奮好學，成績突出，他幾乎獲得了學校設定的每一項榮譽。每當他把這些事情告訴父母，父母心裡也總是升起無限的安慰和滿足，他們為有這樣懂事的孩子而驕傲，認為再苦再累都值得。

而艾佛則很讓父母擔心，有幾次他們甚至想斷了他的學業，因為他們省吃儉用，供他上學，而他不僅沒考過一次好成績，有一次還差點被當。更讓父母生氣的是，他竟做了一件讓父母丟臉的事，就是到各個學生宿舍收購廢舊書籍、用品等，然後賣給小販。這一次艾佛雖然賺了兩個月的生活費，但卻讓父母整整不舒服了一個學期。父母心想：「我們就算再窮，也沒差這幾個錢。」

艾佛放假的時候，兩位老人家苦口婆心的跟他說：「只要你能專心唸書，考出好成績，我們再苦再累都心甘。」最讓兩位老人無法容忍的是，大學二年級的時候，艾佛竟寫信來說，以後不需要父母寄錢給他了。

接到信後，父母的心簡直被傷透了。覺得這個孩子竟然這麼不聽話，還以斷絕和父母經濟往來的方式抗議父母的苦心勸告。最後得知兒子是因為工作賺了錢，才不要他們的資助，父母心裡才稍稍安慰了些。不過他們已不再對他寄什麼希望，他們想，他學不好，將來找不到工作，那也是他自作自受。

大學畢業那年，許多學生都忙著寄求職信找工作，只有艾佛無動於衷，因為這時他已是兩間公司的老闆。而他公司收到的求職信中，竟有好幾位是他的同班同學，其中還包括那位成績最好的伊凡。

賽賽主公說：

在現代社會中學業是非常重要的，透過努力學習可以使自己成為一名優秀的專業人才。但也有一些才能和智慧是學校教育無法教給你的。通往羅馬的道路不止一條，任何人都可以透過自己的生存方式來向社會展示你的價值。不要把自己等同於其他人，社會可以透過多元的方式來實現人生的價值。

是小偷？還是農人？

北宋時期有一位著名的哲學家邵康節，一天中午，邵康節與十二歲的兒子邵伯溫正在院子裡乘涼。這時，院牆外突然伸出一個人頭，朝院子中瞄了一圈，又縮了回去。

邵康節問兒子：「你覺得這個人在瞄什麼？」

兒子說：「八成是個小偷，想偷東西，所以看見有人就走了。」

邵康節說：「不對。」然後，他啟發兒子，「如果這個人是小偷，他見到院子裡有人，肯定會立刻縮回去。但是，他明明看到院子裡有人，卻還是瞄了一圈，這說明什麼呢？」

兒子想了一會說：「哦，他大概是在找東西吧。」

邵康節又問道：「是的，但是他只瞄了一圈，那是找大東西，還是找小東西？」

兒子回答：「是在找大東西。」

邵康節又道：「那麼，什麼大東西會跑到我們院子裡來？那個人是農民打扮，他會來找什麼東西？」

這回，兒子堅定的回答：「他肯定是來找牛的。」

邵康節滿意的點頭稱道：「說得對，他是來找牛的。以後，你要多動腦筋才是。」

賽賽主公說：

在知識經濟飛速發展的今天，人們更需要擁有獨立思考的習慣和變通的思維方式，注重培養個人的創新能力。發掘自己的潛能和智慧，才能在人類文明的海洋中發現更多的新大陸，讓自己短暫的生命如燦爛的春花光耀寰宇！

有問題，就有解決方法

波斯灣戰爭開打的時候，美日關係矛盾白熱化，傑恩作為日本凌志(Lexus)汽車在美國南加州的銷售代理，深刻體會到由於這場戰爭，美國人可能不會再買凌志汽車了。傑恩分析的結果是，如果人們因為戰爭和社會穩定問題，不來參觀凌志汽車的車型的話，那他肯定會失去工作。

傑恩放棄了通常銷售人員慣用的做法——繼續在報紙和廣播上做大量的廣告，等著人們來下訂單。他是個思維很活躍的人，在分析了當時問題的關鍵之後，列出了幾條可以實現的辦法，最後確定了其中最妙的一個手段，作為改變銷售形勢的策略。

對於這個問題，傑恩是如此分析的：假設你開過一輛新車，然後再回到自己的老車裡，你會感覺到你的老車怎麼突然之間有了那麼多讓你不滿意的地方。或許之前你還可以繼續忍受老車的諸多缺點，但是忽然之間，你知道了還有更好的享受時，會不會決定去買輛更好的車呢？

想清楚問題的關鍵之後，傑恩立刻落實他的新對策，他吩咐幾位銷售員工去戶外工作，讓他們各自開著一輛凌志新車，並且到富人常出沒的地方——鄉村俱樂部、碼頭、馬球場、比佛利山和韋斯特萊克的聚會等，然後邀請這些人坐到嶄新的凌志車裡兜風。

這些富人享受完新車的美妙，再坐回到自己舊車的時候，果然產生了很多抱怨聲，從此之後，陸陸續續開始有人購買或租用新凌志車，所以傑恩的生意並沒有因為戰爭而受到很大的影響。

賽賽主公說：

這種方法與那些在報紙和雜誌上做廣告的方法比較起來，其效果是立竿見影的，因為在報紙和雜誌上做廣告，消費者並沒有更直覺的認識，對這種車的優點也沒有切身體會。傑恩的方法正好抓住了問題的關鍵，他給消費者一個切身的體會，讓他們親身體驗新車的優勢，這樣自然會達到更好的廣告效應。

無論做什麼事情，只有抓住問題的關鍵，善於打破常規思維，才能獲得更大的成功機會。

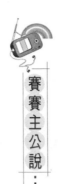

無法傳真的稿件

有次，高先生到大陸瀋陽講課，課後有幾份文稿急著傳真回台北公司處理。承辦單位人員小劉來接高先生時，得知他詢問飯店的傳真收費要價一張人民幣十五元，便自告奮勇幫高先生拿稿件到辦公室傳真。

他們到了傳真室，卻發現傳不過去。小劉詢問了財務部同事才知道，原來公司傳真是有管制的，只能傳大陸內地，不能傳國際。小劉連聲抱歉後又想了一個辦法，就是將文稿傳到高先生的北京分公司，而請分公司的同仁傳回台北。正在傳真時，高先生打了一個電話通知北京分公司，電話卻轉接到手機，原來公司所有同仁全都外出了，而且整天不會有人在辦公室。他們急忙終止傳真。

兩個人垂頭喪氣的回到辦公室，坐在椅子上討論著這件事，不死心的他們還在想有什麼地方可以傳真？還可以傳到什麼地方去？但總想不出辦法。突然，旁邊的辦公隔板內冒出一個聲音：「把文件掃描或照相後，再發郵件傳過去啊！」這回答讓他們大吃一驚。

不是被嚇到，而是赫然發現，他們的思維是如此容易落入慣性與固有模式，竟一直繞在「傳真」這方法上打轉，難怪找不到解決方案。而且用郵件這方法，還比傳真更省錢呢！為什麼都沒想到？！

賽賽主公說：

困難只是表象。執著於原先行不通的方法與思路，難怪走不出死胡同。換個角度思考，答案就完全不同。「上帝每製造一個困難，也會同時製造三個方法來解決它。」世上只要有困難，就會有解決的方法。

很多時候讓你頭疼的，也許只是暫時沒找到合適的方法而已。正確的方法往往是邁過成功途中絆腳石的最好辦法，而正確方法的獲得，需要有活躍的思維，要善於打破常規尋找更優的方法。只有這樣，才會得到好的結果，最終達到目標。

我思，故我在

一六二五年，笛卡兒結束游歷，開始做科學研究。他知道自己的思想與教會格格不入，在法國很容易被視為異端，於是在一六二八年遷居到荷蘭。

直到一六四九年，他創作了數學史上劃時代的《幾何學》，哲學史上著名的《方法記》。

「我思，故我在」是笛卡兒的思想精髓。思想是人最重要的資產，一個沒有思想的人，與行屍走肉無異，完全沒有生存的意義，笛卡兒認為思想才是人類存在的依據。

一個有思想的人，才能獲得人格意義上的獨立，不依附於人，進而真真切切的實現自我。

賽賽主公說：

有思想、會思考，幾乎成為成功人士的標誌。思想是一個隱藏在頭腦中的宇宙，蘊涵著無窮的力量。

一個有思想的人遇到問題或迷惑時，不會完全依賴別人的決策或者在書本和常規中尋找答案，而是在「聽人說」和「看書」的基礎上，透過自己的思考來辨別真假。

螞蟻與蚊子的視線

把一隻螞蟻放在平整的有限平面上，它要從A點爬到B點去，通常是沒有問題的。但如果在平面放上一塊隔板，把A、B兩點隔開。於是，在螞蟻看來，平面被分割了，所以牠不能到達目的地。但對於一隻蚊子而言，由於它的視野跳出了空間的侷限，所以很容易看到其他通道而到達目的地。

思想越開闊，視野越寬廣，成功的機率就越高。

賽賽主公說：

既然有侷限，就必須突破它，在更深遠的空間和層次上思考問題。思考得越多，思維能力就越強，分辨事物的能力就越強，處理問題的能力也就越強。任何價值都比不上獨立思考的價值，一切創造都源於獨立思考。

認識自己也承擔自己

一代文學巨匠——巴金用他的筆和他的聲音，貢獻出了由血與淚凝聚、心與思錘煉而成的真知灼見。他說：「有些人自己不習慣『獨立思考』，也不習慣別人『獨立思考』，他們把自己裝在套子裡。」作為思考者的巴金，就是衝破「套子」的人，不僅衝破別人設置的套子和禁忌，也衝破自己的思想樊籬。巴金說：「我在寫作中不斷探索，在探索中逐漸認識自己。為了認識自己才不得不解剖自己。」思考的過程，是探索、認識和解剖的過程——對社會、對自己的解剖和認識。

很多人對時代和歷史有很多言之成理的看法，卻沒有勇氣和途徑解剖和認識自己。但是，積小流而成江河，積小隙而潰長堤。我們必須思考自己，解剖自己，認識自己，同時承擔自己的那一部分，不可以時代和外在環境為藉口，為自己的懶惰、人云亦云尋找藉口。

賽賽主公說：

思考是新穎的、具有創造性的。培養獨立思考的良好習慣，會讓你的生活充滿活力，人生充滿生機。具備獨立思考的能力，我們就可以游刃有餘地處理生活中的煩惱，得心應手地解決工作中的難題，從容不迫地克服前進道路上的障礙。獨立思考在於平時的累積，在於長期的培養，它是成功者必備的素質和毅力。

答案其實只要多想一步

斐塞司博士有一個習慣，總是在午飯後坐在門前曬一會兒太陽。有天，他看見一隻母貓在陽光下安詳地打著瞌睡。時間一分一秒的流逝，太陽也一步一步向西移，被拉長的樹影，漸漸擋住了母貓身上的陽光。母貓醒了，牠站了起來，伸了伸慵懶的身軀，又踱到另一塊有陽光的地方，重新躺了下來繼續打盹兒。這一切在我們看來司空見慣。可是貓的舉動，卻喚起了斐塞司博士的好奇心。

「貓為什麼喜歡待在陽光下呢？是光和熱，還是其他什麼原因？」

「對，是光和熱。」

「貓喜歡待在陽光下，這說明光和熱對牠一定是有益的。那對人呢？對人是不是也同樣有益？」

這個想法在斐塞司的腦子裡閃了一下，但就是這麼一個想法，引發了斐塞司博士的靈感。之後不久，日光治療便在世界上誕生了。斐塞司博士，也因此獲得了諾貝爾醫學獎。

賽賽主公說：

多想一步是連接由普通人到天才的一座橋樑。它是那麼的簡單，以致於很少會有人去注意它、珍惜它。但它又是那麼的重要，只要去注意它、研究它，它就有可能把普通人變成天才。所以，答案和成功就在於你是否多想了一步。

天才和普通人的區別

一九一〇年德國科學家魏格納因病不得不躺在醫院的病床上休息。牆上掛著一張地圖，在閒得無聊的時間裡，他就很隨意地觀察這張地圖。

一天，他突然發現，大西洋兩岸的地形好像是互補的，南美大陸巴西東部突出的部分，與非洲大陸西海岸的赤道幾內亞、加蓬、安哥拉陷入的部分相對應，幾乎可以把它們完全拼在一起。這個發現，讓魏格納興奮了好長一陣子，並由此引發了他一連串的思考。

「這兩個大陸是不是原先就連在一起？」

「如果是的話，那又是什麼原因使它們分開？」

不顧自身的病痛，魏格納開始著手收集了大量的地質學、古生物學的資料，終於證實了一個嶄新的理論——大陸板塊漂移說。

賽賽主公說：

為什麼每天都有許多人在看世界地圖，而只有魏格納得出了大陸板塊漂移說？有些人幾乎天天見到貓曬太陽，為什麼只有斐塞司一人發明了日光療法？我們只是認為，想獲得成功，就必須比別人付出足夠多的努力。其實在很多時候，天才和普通人的區別就在於能比別人多想一步。

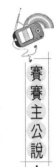

創造奇蹟

德國哲學家恩斯特·卡西爾的基本思想就是：人只有在創造文化的行動中，才能成為真正意義上的人。人的本質表現在不斷創造文化的辛勤勞動之中，天才都具有非凡的創造力。

愛迪生擁有多達千項的專利，他要求自己和助手必須常常提出新想法，以此來保證創造力，他的個人目標是每天一項小發明，每半年一項大發明。達·芬奇一生創作了無數的繪畫作品，其中最著名的就是《蒙娜麗莎》和《最後的晚餐》。莫扎特一生創作了六百多首樂曲，不管在什麼時候，他都具有創作的慾望和靈感。巴哈每星期都要創作一首合唱曲，即使在生病的時候，他仍具有極大的創作慾望。

賽賽主公說：

人們總是認為，只有科學家、發明家、文學家和藝術家才具有創造力。事實上，每個人都是具有創造力的。正如美國心理學家詹姆斯所說，我們所知道的只是「我們頭腦和身體資源中極少一部分」。

每個人的創造力宛如大海底下的冰山，有時你只能看到它隱隱約約露出來的一角，有時甚至還看不到它，但冰山是存在的，而創造力也是存在的。如果一個人對自己充滿信心，有意識地去開發自己，創造力就能像火山一樣爆發出來。

鮑林的探索科學之路

一九六二年諾貝爾化學獎得主鮑林，從小就非常喜歡到從事藥劑師工作的父親的實驗室裡玩。他非常崇拜父親調配藥物的專注，所以常想親自動手做實驗。父親很早就注意到兒子對實驗的濃厚興趣，所以慢慢開始教導鮑林怎樣調配藥品，怎樣做實驗。這讓鮑林高興極了，於是每天放學後，就興沖沖的到父親的實驗室去做實驗。這段時間裡，他學到了許多知識，更重要的是，父親教給他探索的精神。

鮑林九歲那年，父親因病去世，鮑林一度陷入對父親的深深懷念當中。後來，他從消沉中走了出來，重新走進了實驗室。當他知道好友傑佛里家有個小實驗室時，就經常到好友家的實驗室去玩。有一天好友的父親做了「高錳酸鉀產生氣體」實驗，開始讓鮑林對化學產生濃厚的興趣。從此鮑林迷上了化學，他一直在做各式各樣的實驗，後來在化學領域中取得了巨大的成就。

父親的鼓勵，讓鮑林走上了探索科學的道路。

賽賽主公說：

文學作家嚴文井說：「人應該有探索，有追求。這些都要從幼小時培養其獨立性和主動性做起。」事實上，在探索活動中得到的不僅僅是樂趣，還有思維、能力和創造力的發展。當認識的事物越多，想像的基礎越寬廣，就越有可能觸發新的靈感，產生新的想法。

小男孩的答案

英國某家報紙曾舉辦一項高額獎金的有獎徵答活動。題目是：在一個充氣不足的熱氣球上，載著三位關係人類存亡的科學家。

第一位是環保專家，他的研究可拯救無數人們免於因環境污染而面臨死亡的噩運。

第二位是原子學專家，他有能力防止全球性的原子戰爭，使地球免於遭受滅亡的絕境。

第三位是糧食專家，他能在不毛之地，運用專業知識成功地種植穀物，使幾千萬人脫離饑荒而亡的命運。

此刻熱氣球即將墜毀，必須丟出一個人以減輕載重使其餘兩人得以生存，請問該丟下哪一位科學家？

問題刊出之後，因為獎金的數額相當龐大，各地答覆的信件如雪片飛來。在這些答覆的信中，每個人皆竭盡所能，甚至天馬行空的闡述他們認為必須丟下哪位科學家的見解。最後結果揭曉，巨額獎金的得主是一個小男孩。他的答案是……將最胖的那位科學家丟出去。

賽賽主公說：

小男孩睿智而幽默的答案，是否提醒了聰明的大人們：單純的思考方式，往往比鑽牛角尖更能獲得良好的成功。任何疑難問題最好的解決方法，只有一種，就是能真正切合該問題的需求，而非自說自話、惑於問題本身的盲目探討。

不留退路，一次做到最好

古希臘著名演說家戴摩西尼年輕的時候，為了提高自己的演說能力，躲在一個地下室裡練習口才。由於耐不住寂寞，他時常有想溜出去玩的想法，而心總是靜不下來，所以練習的效果很差。無奈之下，他橫下心，揮動剪刀把自己的頭髮剪去了一半，變成了一個怪模怪樣的髮型。這樣一來，因為羞於見人，他只能徹底打消了出去玩的念頭，一心一意的專心練口才，一連數月足不出戶，演講功力突飛猛進。經過一番頑強的努力，戴摩西尼最終成為了世界聞名的大演說家。

一八三〇年，法國作家雨果與出版商簽訂合約，半年內交出一部作品。為了確保能把全部精力放在寫作上，雨果把除了身上所穿毛衣以外的其他衣物全部鎖在櫃子裡，把鑰匙丟進了小湖。就這樣，由於根本拿不到外出要穿的衣服，他斷了外出會友和遊玩的念頭，一頭埋進寫作裡。除了吃飯與睡覺之外從不離開書桌，結果作品提前了兩周交稿。這部僅用了五個月時間完成的作品，就是後來聞名於世的文學巨著《巴黎聖母院》（曾改拍為電影《鐘樓怪人》）。

賽賽主公說：

斷掉退路來逼著自己成功，是許多智者的共同選擇。做事的時候，不要給自己留下退路，這樣可以激發潛力，堅持到底。儘管有人說話、做事習慣留一手，認為這樣進可攻、退可守、收放自如，萬無一失，但事實並非如此。一個人在生活中，如果事事都刻意留下一些退路，坦白說，豈不是失敗也有了退路。

留有退路，就潛藏著懈怠、自我安慰，最終可能導致自我麻痺、毀滅。「留有退路」的利處，卻成了導致失敗的壞處。不留退路，其實是一種破釜沉舟的生活勇氣，有了這種勇氣，才能拿出全部的精力，全力以赴的投入。

躍過山溝

有一位獵人，他經常去山上打獵。從家裡出發到山上，要繞過一條溝。這條溝不算寬也不窄，但深不見底，又蜿蜒很長，要費很多時間才能繞過去。獵人想躍過去，但又不敢嘗試。那不見底的深谷，萬一掉下去就沒命了。

有一天，獵人打獵時遇到一隻大老虎，獵人非常高興，因為老虎全身上下都非常值錢。不過獵人開了第一槍卻沒打中老虎的要害，反而讓老虎反撲了過來，此時獵人已經來不及再上火藥，只好連忙躲閃。

獵人最後被老虎追到那條山溝邊，眼看著老虎就要追上來。獵人顧不得一切，眼睛一閉用力向前一跳，他竟跳過那條山溝成功的逃離虎口。

人，包括其他的動物，在生命有危難的瞬間，釋放出的自我挽救能量都是巨大的。美國科學家的「青蛙實驗」幾乎人人皆知：在鍋底慢慢用溫火加熱，青蛙優哉游哉的在水裡漂游，直到水熱得牠不能承受時，青蛙卻再也跳不出來了；相反的，將一隻青蛙猛然擲入沸水中，牠卻能馬上躍起逃生。

賽賽主公說：

不留退路，就是給自己一條出路。只要擁有不留退路的精神，就會一心一意面對眼前發生的一切，就會有意想不到的收穫。人，往往是在慢慢的等待中消耗了自己。在無謂的等待中慢慢的適應，消磨掉的是才華、能力和信心，最後只剩下無奈和惆悵。就像在慢慢加熱的水中的青蛙，在不知不覺中把自己埋葬了。而那隻投入沸水中的青蛙只需輕輕一躍，就給了自己一條生路。

得過且過的「寒號鳥」

夏天的時候，寒號鳥全身長滿了絢麗的羽毛，樣子十分美麗。這時的寒號鳥驕傲得不得了，覺得自己是天底下最漂亮的鳥了，連鳳凰也不能相比。於是牠整天搖晃著羽毛，到處走來走去，還洋洋得意的唱著：「鳳凰不如我！鳳凰不如我！」

夏去秋來，鳥們都各自忙開了。有的開始結伴飛向南方，準備度過溫暖的冬天；留下來的鳥兒也整天辛勤忙碌，準備囤積食物、修理窩巢，做好過冬的準備工作。只有寒號鳥，既沒有飛到南方去的本領，又不願辛勤勞動，仍然是整天四處遊蕩到處炫耀自己身上漂亮的羽毛。

寒冷的冬天來了，鳥兒們都回到自己溫暖的窩巢裡。這時的寒號鳥，身上漂亮的羽毛都脫落了。夜間，牠躲在石縫裡，凍得渾身直發抖，牠不停的叫著：「好冷啊，好冷啊，等到天亮了就來做個窩吧！」等到天亮後，太陽出來了，溫暖的陽光一照，寒號鳥馬上忘記了夜晚的寒冷，於是牠又不停的唱著：「得過且過！得過且過！太陽暖和！太陽暖和！」

寒號鳥就這樣一天天的混著，過一天是一天，一直沒替自己造個窩。最後，牠終於沒能混過冬天最寒冷的那一天，被凍死在岩石縫裡了。

賽賽主公說：

那些只顧眼前，得過且過，不作長遠打算，不用辛勤勞動去創造生活的人，跟寒號鳥又有什麼區別？有人喜歡把重要問題擱在一邊，留待以後解決，其實這是個懶惰的惡習。不能做寒號鳥，否則留給自己的永遠都是失敗。

最喜歡的工作

「福勒製刷公司」的創辦人福勒出生於貧苦的農家。在他剛剛工作的頭兩年，雖然一直努力工作，卻接連三次失業。但是，在福勒的生活中發生了一件事，這件事徹底改變了他的生活。他開始銷售刷子，並且自然而然的喜歡上了這份工作。這時福勒開始認識到，他最初找的三份工作對他都是不適合的，他不喜歡那些工作。他喜歡的工作是銷售產品，他能把銷售工作做得很出色。於是他把精力全部集中在如何做好銷售工作上，很快的他就成了一位成功的銷售員。

他在攀登上成功階梯的時候，又立下了一個目標：那就是創辦自己的公司，這個目標十分適合他的個性。於是，福勒停止了為別人銷售刷子的工作，開始自己創業。他在晚上製造自己的刷子，第二天就出去販售，這種生活雖然很苦，但他做的比過去任何時候都更為高興。當他的銷售額開始上升時，他租下一間倉庫、雇用一名助手，為他製造刷子。他本人則集中精力投入銷售，開拓市場。

後來，福勒製刷公司終於發展成為擁有幾千名銷售員、年收入數百萬美元的大公司。

賽賽主公說：

只要我們不願讓自己的生命之樹枯萎於貧困，就必須用奮鬥給予它滋養，所有成功的人生，無一不是經歷了百折不回的努力之後收穫的豐碩果實。

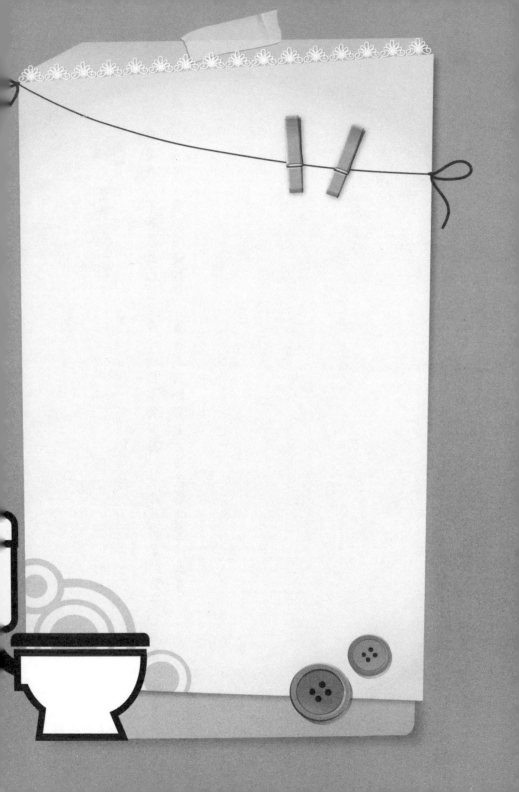

第三章 生活需要夥伴，快樂和痛苦都要有人分享

太陽無私地分享著它的陽光和溫暖，地球上的植物和動物在它的光芒下快樂的成長。分享是一種博愛的心境，學會分享，就等於學會了生活。當你與人分享，而讓他人得到快樂的同時，也能讓自己的痛苦全部溜走，只剩下陽光灑滿你的心靈。分享是不在乎一時的得失，因為只有不計小利、大處才能有得。而古今能成大事的人，都是不拘小節的人。要做到分享，就應與身邊的人相互扶持，這樣才能達到共贏；做到分享，就應對你的朋友表達關愛，因為這是一種美德；做到分享，就不能自私自利，因為自私自利是一劑毒藥，最終會害了自己。

愛打高爾夫球的長老

有一位猶太教的長老很喜歡打高爾夫球。一天安息日，他覺得手癢，很想去打球，但猶太教規定信徒們在安息日必須休息，什麼事都不能做。可是這位長老那天特別想去打一會兒，於是決定一個人偷偷溜去高爾夫球場，一心想著「只要打九個洞就好了」。

由於是在安息日，所以別的猶太教徒們都沒有出門，球場上一個人也沒有，因此長老覺得不會有人知道他違反規定。然而，當長老在打第二洞時，卻被天使發現了。天使非常生氣的到上帝面前告狀，說那位長老不守教義，居然在安息日出門打高爾夫球。

上帝聽了，就跟天使說，祂會好好懲罰這個長老。上帝說完，從第三個洞開始，長老就桿桿打出了超完美的成績，而且每顆球幾乎都是一桿進洞，長老興奮莫名。

在長老到打第七個洞時，天使又跑去找上帝：「上帝呀！您不是要懲罰長老嗎？為何還不見有所動作呢？」

上帝笑著說：「我已經在懲罰他了呀。」

直到打完第九個洞，長老每顆球幾乎都是一桿進洞。因為打得太好了，於是長老決定再打九個洞。

此時，天使又去找上帝了：「到底懲罰在哪裡？」而這次上帝只是笑而不答。

當長老打完了十八個洞時，成績比任何一位世界級的高爾夫球手都優秀。但就在這時，長老卻感到無比的沮喪，他心裡想著：「唉，今天球場為什麼一個人都沒有呢？要是有人和我一起打球就好了，我打得這麼好卻只有我知道，別人都沒看到啊！」

天使問上帝：「您對長老的懲罰是什麼呢？」

上帝說：「你想想看，他有這麼驚人的成績以及興奮的心情，卻不能跟任何人說，這不就是對他最好的懲罰嗎？」

賽賽主公說：

生活需要夥伴，快樂和痛苦都要有人分享。沒有了分享的人生，無論面對的是快樂還是痛苦，都是一種懲罰。就像故事裡那位猶太長老，雖然自己球打得很漂亮，但偌大的球場上只有他一個人，沒人和他打球，也沒人看他打球，雖然得到了很好的成績，心裡面卻很不快樂。

在平時的生活、學習中，學會並且樂於分享，我們才能收穫快樂，收穫友誼。

為何大家都不跟我玩？

上小學的小嫻和小明是同班同學也是鄰居。但媽媽發現每次小明回家都悶悶不樂，媽媽問小明怎麼了？

小明說：「班上的同學都不和我玩，大家都只喜歡和小嫻玩。」

媽媽問：「那為什麼大家都喜歡和小嫻玩呢？」

小明想了想說：「小嫻讓大家一起和她玩新買的玩具。」

「那媽媽幫你買的玩具，你有和大家一起玩嗎？」媽媽問道。

小明說：「沒有，我怕別人把玩具弄壞了。」

媽媽耐心的說：「媽媽買的玩具你自己玩也會壞啊，但是如果你和大家一起玩不是更有意思嗎？」

小明眨了眨眼睛，心有所悟的說：「知道了，媽媽，我以後會和別人一起玩的。」

媽媽稱讚道：「明白就好，有玩具大家一起分享才有更多的快樂！」

小明聽了媽媽的話後朋友越來越多，自己也不再感到寂寞和不快樂了。

賽賽主公說：

分享是一種財富，在帶給別人快樂的同時，自己也收穫了友誼和快樂。有人說，分享是治療寂寞和無聊的一劑良藥，這句話一點沒錯。

「獨樂樂，不如眾樂樂」分享能將溫暖和快樂傳遞他人。在擁擠的公車上，讓站著的人與你同擠一個座位，陌生的他笑得像初春的陽光；在急風驟雨中，與陌生人同享傘下的一片晴空，他的笑臉如雨後彩虹；自家院中的一泓井水，讓左鄰右舍在停水時也能遍嘗甘甜，會使你的院子盈滿歡聲笑語。分享如同三月的陽光，冬月的炭火，能溫暖人的心房，更能拉近人與人之間的距離。

路不是你的

在澳洲考駕駛執照，交通法規第一條就是交通部長給初學駕駛人的忠告，他說：「學習交通規則的本質是懂得和別人分享道路。」試想，若每一個駕駛員駕車上路，都抱著「路是我的」這種自私的想法，那麼占道、搶道引發的糾紛事故將比比皆是。不懂得分享，換來的可能是交通的阻塞、癱瘓。

分享不僅使「眾樂」，而且還會使我們內心充滿欣慰的感受和愉悅的體驗。分享是一種感恩，把快樂傳遞給朋友時……為你付出汗水和關心的人也會感到欣慰與快樂。

賽賽主公說：

我們應以寬廣博大的胸懷對待他人，從自己做起，從身邊的一點一滴做起，讓分享成為一種習慣。只有學會分享、才能與周圍的人相處和合作，因為將來的社會不僅是競爭的社會，更是合作的社會。我們樂於分享，給人一道陽光！

玉米田的成長

有兩個農夫，他們同時得到了一批品質優良的玉米種子。鄰居知道了，紛紛想向他們購買。而甲怕鄰居也種了好玉米會影響他的收成效益，便拒絕對鄰居施捨和給予。而乙是一位豁達之人，總喜歡把自己的好東西與人分享。所以，他送給了周圍鄰居們每人一些玉米種子。

第二年，到了收穫的季節。甲種植的玉米長相很差，不但穗小而且玉米粒還乾扁扁的。而乙種植的玉米卻長相良好，每個玉米都是穗大粒飽。

這讓甲百思不得其解，便去詢問種植農物的專家。而專家說，風會將成熟玉米的花粉從一塊地吹到另一塊地，如果周圍鄰居種的都是品質不好的玉米，那麼互相傳粉之下，就會使原本良種的玉米品質不斷退化。

賽賽主公說：

「放棄是成功的第一步，今日的放棄是為了明日有更好的收穫。」

我們在平時不能斤斤計較小小的得失，要有長遠眼光，從大的方面去考慮問題，只有這樣，才能最終取得成功。不計一時得失，勇敢的放棄，是為了更大的成功。一個人活著，不能時時刻刻都想著蠅頭小利。有顆豁達的心，懂得分享，這樣才會得到更多的快樂和幸福。

「把你的痛苦與人分享，你的痛苦將會減少一半；把你的快樂與人分享，你的快樂將增加一倍。」生活中，幫助別人也是幫助自己。拋棄斤斤計較，分享看似付出，實際上卻是獲得。付出的是暫時的利益，而獲得的將是永久的果實。

好心的店家

有一對善良的夫婦在路邊開了一家小雜貨店。開業後，這對夫婦並不急著想要做些活動來促銷店裡的東西，而是在店門口掛了個「天長路遠，本店提供免費飲水，供君飲用」的招牌。

過往的行人看到這個招牌，紛紛停下腳步走進店裡喝水。而當人們喝完了水後，出於感激，往往也會在店裡買點東西才走。就這樣，雜貨店的生意越來越好，很快的便發展成一間百貨商店。

賽賽主公說：

慷慨無私地為別人著想，就像播種一樣，總能看到收穫，儘管這種收穫有時是直接的，有時是間接的，但是有良心、重情義的受益者，終究會把愛的種子珍藏於心，直到永遠。

有所得必有所失，有所失必有所得，關鍵在於得失之間的價值衡量。明白了這些，我們在平時就不應只是看重失去的東西，而要考慮以後我們所得到的。敢於失，不在乎得，就會獲得更多，因為小失也會大得。

秦惠王滅蜀

從前，蜀國地處四川的西部，這個地方高山險峻，又有湍急的河流，道路很難行走。但是蜀國也因為這些天然的屏障，而一直平安無事。

秦國很想攻打蜀國，但因為對蜀國的地形不瞭解，所以一直不敢輕舉妄動。後來秦惠王想了想，便派人去打探蜀侯的為人。那人回報說：「蜀侯很貪婪，有一點便宜都不想放過。」所以秦王就想，也許可以利用這個弱點來戰勝他。

於是，秦惠王請人雕了一座石牛，並且在牛屁股後面掛了許多的金銀財寶。然後派人去告訴蜀侯，說秦王發現了一頭寶牛，牛的屁股後面還掛滿了寶物，並且決定把這舉世罕見的寶貝送給他，以表示對蜀國的友好。蜀侯一聽有這等好事，當然高興得不得了。

但是石牛又大又沉重，要怎麼運來呢？蜀侯很貪財，急於要見識這座罕見的寶牛，於是命人填平山路，砍樹搭橋，終於打通了一條路。

正當他打算派幾個健壯的士兵去迎接石牛時，卻發現秦國士兵就跟在石牛後面。

山路一打通，秦軍便一擁而入，輕而易舉的大敗蜀軍，蜀侯因此國滅身亡。後世人取笑，蜀侯因為一心想佔小便宜，結果反而吃了大虧。

賽賽主公說：

要得到好成就，就得把眼光放長遠一些，要有豁達和分享的心境，不能拘泥於小利小得。自古就流傳著這樣一句話：「成大事者不拘小節。」說的就是這個道理。不拘小節，才能成大事。

管鮑之交

戰國時代，齊國有一位很有遠見的公子叫小白。當時除了小白外，齊國還有一位公子糾。

齊國國君死後需要新國君，但當時他們兩個都不在齊國。管仲身為公子糾的軍師，便帶一隊人馬去攔截公子小白並用弓箭攻擊小白，要讓他無法回齊國繼承王位，所幸小白沒被射傷，還順利回齊國登上了王位。後來小白想找一位宰相，便問部下鮑叔牙肯不肯做，但鮑叔牙說什麼都不肯接受。

鮑叔牙說：「以前我幫君王做了些事情，那全是憑我對您的忠心而竭盡全力。現在您要把宰相這麼重要的職務交給我，這絕不僅僅是只憑我的忠心就可以做好的，您該找個比我更有才能的人才行。」

齊桓公說：「在我手下的大臣中，還沒發現比你更出眾的人才啊！」

鮑叔牙說：「容我向您舉薦一個人，此人保證能幫您成就一番霸業！」

齊桓公急忙問他：「這個人是誰？」

鮑叔牙笑著說：「此人就是我的老友——管仲，我把他從魯國找回來，他會幫您的！」

齊桓公一聽很生氣說：「管仲用箭射過我，我怎能讓他當宰相！」

鮑叔牙懇切的說：「因為管仲是一個非常講究忠義的人，而且他的才華遠遠超過我鮑叔牙！您要得到偉大的成就，就非得到管仲的輔佐不成。」

齊桓公思考了一會，決定不計前嫌從大處著想，並真的重用了管仲，拜了管仲為宰相。管仲被齊桓公的大度和睿智所折服，決心鞠躬盡瘁、竭盡全力報效齊桓公。後來齊桓公終於成為春秋的霸主。

賽賽主公說：

縱觀古今之能成大事者，可以發現他們身上有著共同的特徵：具有長遠的眼光，對事物發展有敏銳的洞察力和預見力。他們能夠明晰「小節」的作用，不會拘泥於無原則的瑣事上，不會在乎一時得失。

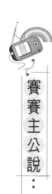

消滅敵人的方法

林肯是個不拘小節，不在乎一時得失的人，他是美國歷史上有名的總統。

當他做總統時，有人批評林肯對待政敵的態度：「你為什麼試圖讓他們變成朋友？你應該想辦法打擊他們，消滅他們才對啊。」

林肯總統卻總是溫和的說：「我們難道不是在消滅政敵嗎？當我們成為朋友時，政敵就不存在了。」

這就是林肯總統消滅政敵的方法，將敵人變成朋友。

後來林肯兩度被選為美國總統。今天，在以他名字命名的紀念館牆壁上刻著這樣一段話：「對任何人不懷惡意；對一切人寬大仁愛；堅持正義，因為上帝使我們懂得正義；讓我們繼續努力去完成我們正在從事的事業；包紮我們國家的傷口。」

賽賽主公說：

有位著名的教育家曾說過：「當別人遇到困難時，我不會坐視不管，我會盡力幫助他，這樣做不但不會讓我損失什麼，反而會為我帶來榮譽，讓我的事業更加順利。」這便是一種相互扶持，共贏的智慧。

在幫助別人的時候，無形之中也顯現出自己的價值，讓自己贏得競爭中的優勢。我們應善於利用共贏的智慧，用自己的長處來彌補別人的短處，進而使自己的長處得到彰顯。當我們能夠積極幫助別人時，自身的價值便會得到顯現，也能使自己獲得更高的榮譽。

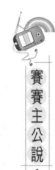

好心有好報

有一家很大的農戶，其戶主被當地人稱為「最慈善的農夫。」因為每當窮人或者乞丐來乞討時，他都會毫不吝嗇的提供食物和錢財。

這個農戶有一塊很大的農田，有一年，這個農夫遭到了風暴和瘟疫的襲擊，所有的農田和果園都被破壞，牲畜也全部都死光了。不久債主們蜂擁而至，把他所有的財產都扣押了起來，最後他只剩下一小塊土地。可是他卻說：「既然是神賦予的東西，神又奪回去了，還有什麼好抱怨的呢？」他對自身的遭遇泰然處之，絲毫沒有怨天尤人之意。

這一年，乞丐們像往年一樣又到農夫的家。見他家道中落，乞丐們都對他表示了同情，也無意再請他捐獻。這位農夫的太太說：「以前我們時常為教師建造學校、為窮人和老人捐款，但是今年拿不出錢來幫助你們了，對你們實在很抱歉。」後來，夫婦倆覺得讓乞丐們空跑一趟，於心不忍。便決定把最後剩下的那塊地賣掉一半，捐獻給他們。乞丐們聽了非常驚訝，並且感激不已。

有一天，農夫在剩下的那半塊土地上犁地時，耕牛突然滑倒了。他手忙腳亂的去拉起耕牛時，卻在牛蹄下發現了寶物。他把寶物賣掉後，又過起了先前的富裕生活。次年，乞丐們又來到這裡，去了農夫原來的家，還以為農夫仍和原來一樣貧窮。可是附近的人告訴他們：「農夫已搬入新居了，前面那座高大的房子，就是他的家。」

乞丐們走進大房子，農夫高興的向他們訴說著這一年發生的事，並說：「幫助別人，愛護別人，就等於幫助和愛護自己，我們是好心有好報。」

賽賽主公說：

要學會去關心別人，幫助別人，扶持別人，因為愛護別人就等於愛護自己。豪斯說過：「一個年輕時只顧自己的人，將會變成一個非常吝嗇的人，老了便是一個無可救藥的守財奴。」

現在的社會越來越冷漠了，在以前物質較為貧乏的年代，大家還比較懂得互相幫助。而懂得互助的人，能使自己擁有感恩的心，才能明白幸福的所在，也讓自己的每一刻都過得幸福。

發現自己的價值

二戰結束後，各國經濟極度蕭條，企業由於受到戰爭的破壞，資金匱乏。於是，各國銀行大多停止了對困難企業的接濟。然而此時，花旗銀行卻積極辦理各項貸款業務，盡力挽救各國企業。幸運的是，企業由於受到援助迅速發展，也促進了經濟的復甦，並按時歸還了花旗銀行的貸款。

銀行的友好舉動，不但沒有蒙受經濟損失，反而為自己帶來了極高的信譽。在往後的發展中，花旗銀行憑藉著良好的信譽，成為世界知名銀行之一。這種採取共贏的做法，不但救活了企業，也讓花旗銀行彰顯了自己的長處。

賽賽主公說：

當我們不善於採取共贏的智慧，不樂於助人時，那麼自己本身的發展便會極為緩慢。因為我們沒有表現出自己的價值，就不會獲得別人的信任。

透過幫助別人來彰顯自己的長處，這種共贏的智慧可以促進我們自身的發展。懂得幫助別人，自己身處危難之時，別人也會來幫助我們。

紀錄片的實驗

美國有位專家曾在哈佛大學進行過一項有趣的試驗，他們要求大學生們看一部紀錄片。影片紀錄著一名美國女士熱心的投入慈善事業，為之奮鬥終生。學生們被她的人格力量所折服，每個人看完影片都感動的熱淚盈眶。

此時研究者對這群大學生進行了唾液分析，驚訝的發現，這些學生的免疫球蛋白A的數量，比看紀錄片前增加了許多，而免疫球蛋白A是一種能防止呼吸道感染的抗體。

這個實驗顯示出，善性形成的良好心理，的確是能夠增強人的免疫力。

賽賽主公說：

當你身邊的人需要你的幫助時，請多給予關愛和支持，這樣他會感謝你，你也會在幫助別人的過程中感受到快樂；當你身邊的人需要你幫助的時候，請多給予方便和友好，這樣他會少走彎路，更加的尊重你，你不但會在幫助別人的過程中享受到快樂，更會為自己寬宏的胸襟而感到自豪。表達關愛，是一種高尚的美德。

施與和接受

第二次世界大戰結束後不久，戰勝國決定成立一個處理世界事務的聯合國，可是要在什麼地方建立總部，一時間讓眾人頗費思量。地點理應選擇在一座大城市，可是要在任何一座繁華都市購買一大塊土地，都需要鉅額資金，剛剛成立的聯合國，每一分錢都肩負重任。

就在各國領袖商量的時候，洛克菲勒家族聽說了這件事，立刻出資八百七十萬美元，在紐約買下一塊地皮，並在人們的驚詫聲中，無條件的將這塊地捐贈給聯合國。

當聯合國總部大樓開始興建後，四周的地價立即飆升。洛克菲勒家族在買下捐贈給聯合國的那塊地皮時，同時也買下了與這塊地皮毗鄰的全部地皮。沒有人能夠計算出，洛克菲勒家族憑藉這些毗鄰聯合國的地皮，已經獲得多少個八百七十萬美元了。

賽賽主公說：

共贏是一種智慧，它給施與和接受的雙方都帶來好處。世界會因為每個人一點小小的善舉，而變得更加和諧美好。共贏思維是智慧，對這樣能皆大歡喜的事情，我們何樂而不為呢？

「共贏的智慧」讓你我共同享利，更有利於彰顯自己的長處。

農場主人的獨門技術

有一個農場主人，由於掌握了科學的栽培方法和技術，使得他的莊稼長得總是比別人好，自然他的種植效益也就比鄰居的高。而且，這位農場主還有培育和改良品種的獨門技術，使得他的農作在每年農業協會評比中，都是拿到第一名。

可是令人不解的是：每次評出最佳品種之後，他總是把最好的品種拿出來送給鄰近農場的主人們。

「別人申請專利保護時總是擔心自己的研究成果被人仿冒，你這麼做，難道不擔心別人超越你嗎？還是你在做專門利人的善事？」

當記者帶著疑問採訪他的時候，他笑著說：「我這樣做並不是毫不利己、專門利人，這麼做其實對我自己也有很大的好處。因為我農場裡的種子無論有多優良，如果附近農場充滿劣質的品種，他們的花粉難免會隨風飄落到我的農田裡，而我的作物受粉後品質就會下降。把我最好的品種給他們種，我的莊稼品質才能得到保證。另外，別人有了跟我一樣好的種子，就會不斷的激勵我再去努力革新和改良，這就給了我持續進步的壓力和動力，能讓我始終保持領先的地位。」

賽賽主公說：

合作可以成為競爭的主旋律，和諧已成為時代的最強音。讓別人的長處彌補我們的短處，讓我們的長處「承托」別人的短處，在真誠的微笑中互相幫助，讓彼此都能獲得益處。

被淹沒的路標

有兩個小村莊，中間隔了座茫茫沙漠。從一個村莊到另一個村莊，如果繞過沙漠至少要馬不停蹄的走二十多天；如果橫越沙漠則只需要三天就能抵達。但是這樣太危險了，許多人試圖穿過沙漠結果無一生還。

有一年，一個智者經過這裡，要村裡人找來幾萬株胡楊樹苗，每半公里種植一棵，要從這個村莊一直栽種到沙漠另一端的村莊。智者告訴大家說：「如果這些樹有幸存活了，你們就可以沿著樹來來往往。如果沒有活成，那麼每一個走路經過的人，都要將枯死的樹苗向下插；看到要被淹沒的路標一定要向上拔。以免被沙淹沒了。」

後來村裡來了一個僧人，他堅持要到沙漠對面的村子去化緣。大家告訴他智者說過的話後，僧人點頭答應會照做。不久，僧人走得精疲力竭。當他看到一些被塵沙徹底淹沒的路標時心想：「反正我就走這一次，這路標被淹沒就淹沒吧。」他並沒有伸手拉起這些路標。但就在僧人走到沙漠深處時，寂靜的沙漠突然刮起了大風，有些路標被淹沒在厚厚的沙裡，有些路標則被風捲得沒了蹤影。這個僧人像無頭蒼蠅一樣到處亂闖，卻怎麼也走不出沙漠。

在氣息奄奄的那一刻，他十分懊悔著：「如果能夠按照大家吩咐的那樣做，那麼即便沒有了進路，還可以擁有一條平平安安的退路啊！」

賽賽主公說：

關愛包括在關愛他人的同時，也關愛著自己。因為關愛他人也會覺得心安，而心安即是關愛自己。假如一個人不懂得表達關愛，總喜歡他人為自己付出，自己卻從來不想著為別人付出，雖然表面上看來這樣的人不吃虧，但其實他們是吃了大虧。因為他們在對他人缺乏關愛的同時，也由於自己良心不安，已經在受著心靈的折磨。誰說他們沒有吃虧，誰又能說他們在善待著自己。表達關愛是智者的行為，這種分享是一種高貴的美德。

擁有了善根，才會有善心

人與人相處是一種緣分，關愛他人就是關愛自己。關愛他人要真誠，如果自己能夠幫助別人，這是一種善良；如果自己能夠給別人帶來利益，這也是一種善良；如果自己犧牲一點，去成全別人，這更是一種善良。但是，人們卻很難做到。

如果只是幫助別人，在不涉及自己絲毫利益的時候，伸出援助之手的人會很多，這是人類善良的根基，人也正是因為這個善根才得以生生不息。

如果在幫助別人的同時，會損傷自己的一點利益，這仍會有一部分人去行善。例如為災區捐款捐物，為某種工作犧牲自己而患上職業病等等，這是人類的善良表現。

但如果在幫助別人的同時，會損傷自己的一部分利益，卻只有一少部分人會去做了。那是更高層次的善良，只有少部分人能夠達到的高度。在和諧社會裡，不能要求每個人都出生入死，只希望大家能夠認清哪些是善。正是因為擁有了善根，才會有善心。

賽賽主公說：

當你身邊的人需要幫助的時候，請別為了利益不伸出手；當你身邊的人需要幫助的時候，別認為他會替自己帶來危機，這樣其實是對自己的沒自信；當你身邊的人需要幫助的時候，別怕他會超越自己，這種憂慮是多餘的，長江後浪推前浪，一代新人換舊人，這是自然規律誰也阻擋不了，你身邊的人不超越你，但還會有其他人超越。

霸道的孩子

小翔是個聰明可愛的小男孩，但是他卻有個壞習慣。在家裡，他是絕對的霸道，但凡他的東西，連爸爸媽媽也不准動一下。比如，爸媽替他買了點心，如果爸媽說：「小翔，這些東西可以分給我們一點嗎？」他絕對是一口回絕。家裡要是有客人，小翔更像是如臨大敵般，因為他絕不會讓客人碰他的玩具。吃飯的時候，他還會目不轉睛的瞪著客人說：「那是我最喜歡吃的牛肉，我不准你吃！」常弄得大家都非常尷尬。週末，小翔去奶奶家，只要奶奶家有自己喜歡的東西，他就會想把它們帶回家。要是爺爺奶奶提出要來家裡玩，他卻不准他們來。小翔的表現，常使得爸媽非常頭痛。

賽賽主公說：

現在的小孩，有許多都是獨生子女。從小獨自擁有食物、玩具、空間，還有父母的愛。沒有和兄弟姐妹分享一切的機會，就容易成長為自私霸道的人。但我們應該明白，如果沒有和其他人的合作，我們就很難做成一件事情，很難去實現自己的夢想。

人性中最古老、最深切的稟賦就是自私。但如果人人都標榜看穿了塵世，信奉自私為座右銘，那麼這個世界必將暗無天日，社會必將走向衰亡。自私自利的人只能活在以自我為中心的世界裡，不會有真正的朋友。

分享不該偶爾為之

蕭伯納曾經說過：「你有一個蘋果，我有一個蘋果，彼此交換，每個人只有一個蘋果。你有一種思想，我有一種思想，彼此交換，每個人就有了兩種思想。」分享能夠讓人減少痛苦，獲得快樂。

一個人在生活中需要與人分享自己的痛苦和快樂，沒有分享，他的人生就是一種懲罰。而學會了分享，我們的人生也就會快樂和充實起來。分享自己的喜悅和哀愁，分享自己的所得和所失，我們才會有一顆感恩的心，才會在與他人的情感交流中得到快樂。也只有懂得分享，我們才會為自己塑造出完美的性格和品德。

賽賽主公說：

真的分享，應該是把自己喜歡的東西和別人分享，也把自己不喜歡的東西拿出來分享，分享感受，無論是快樂或者悲傷；分享設備，即使設備很不充裕；分享服務，即使需要耐心的等待；分享公共環境，愛護大家共同生活的環境，即使很捨不得，還是會快樂地分享。分享應該是心甘情願的，不是因為別人的要求才做的；分享不分對象，對親人能夠做到，對別人也能夠做到；分享的快樂就是目的，而不是為了得到表揚或獎品；分享是一種行為習慣，不是偶爾為之，而是總是為之。

感謝竊賊的理由

有一次，偉大的作家馬克．吐溫家中遭竊，被偷走了許多貴重的物品，他的朋友知道後，寫信安慰他，勸他不必太在意。馬克．吐溫回了一封信給朋友，信中說：「親愛的朋友，謝謝你來信安慰我，我現在很平安，我還要感謝上帝——第一，竊賊偷去的是我的東西，而沒有傷害我的生命；第二，他只偷去我部分東西，而不是全部；第三，也許他是不得已才這麼做，而我的東西可能幫了他的大忙，我又做了一件善事；第四，最值得慶幸的是，做賊的是他而不是我。」對任何一個人來說，遭竊絕不會是一件好事，而馬克．吐溫卻找出了感恩的四個理由。

賽賽主公說：

學會感恩，學會奉獻、付出，學會在生活中與他人分享。學會了這些，我們就會發現生活的真諦，就會擁有一個美好的未來。

學會感恩，才懂得與人分享的重要，才能從自我的付出當中發現樂趣；學會感恩，才不會一味地怨天尤人，才有信心去面對生活的挑戰，使自己永遠保持健康進取的心；學會感恩，世界就能變得五彩繽紛，美麗多姿。

第四章

得意時淡然，失意時坦然

查斯特．菲爾德說：「如果你想受到讚美，就用謙遜去作誘餌吧。」

謙遜不僅是一種美德，更是一種人生的智慧。你可能也曾有過這樣的體會：一個越是謙遜的人，你越喜歡找出他的優點；而越是把自己看得了不起，孤傲自大的人，你越會瞧不起他，喜歡找出他的缺點。

平時我們要謙遜的對待別人才能博得他人的支持，為我們以後的事業奠定基礎。以謙遜的態度來做事或表達自己的觀點時，就能減少一些與他人的衝突，而且更容易讓他人接受你的意見。即使發現是自己有錯，也很少會出現難堪的局面。

無論我們做什麼事，一定要記得保持謙虛謹慎的態度去對待身邊的人和事，保持低調做人，高調做事的原則，可以不斷看到自己與目標的差距而進步，才會促使我們人生不斷的成功。

走入人群的貴族

美國第三屆總統傑佛遜說：「每個人都是你的老師。」

傑佛遜出身貴族，他的父親曾經是軍中的上將，母親是名門之後。當時的貴族除了發號施令以外，很少與平民百姓交往，他們也看不起一般百姓。然而，傑佛遜沒有秉承貴族階層的惡習，而是主動與各階層人士交往。他的朋友中，當然不乏社會名流，但更多的是普通的園丁、僕人、農民或者是貧窮的工人。他善於向各種人學習，也懂得每個人都有自己的長處。

有一次，他跟法國偉人拉法葉說：「你必須像我一樣到民眾家去走一走，看一看他們的菜碗，嘗一嘗他們吃的麵包，只要你這樣做，就能瞭解民眾不滿的原因，並會懂得正在醞釀的法國革命的意義了。」由於傑佛遜作風紮實，深入實際，雖高居總統寶座，卻很清楚民眾究竟在想什麼，還有民眾到底需要什麼。正是謙虛謹慎的態度，讓傑佛遜成為了美國歷史上著名的總統之一，他懂得向所有人謙遜，因而成就了他從平凡走向輝煌。

賽賽主公說：

謙虛謹慎的品格，能使一個人在面對成功、榮譽時不驕傲，並把它視為一種激勵自己繼續前進的力量，而不是陷在成功的喜悅中，把榮譽當成包袱背起來，沾沾自喜於一得之功不能自拔，不再進取。

「謙受益，滿招損。」這是流傳千年的古訓。古人說：「大巧若拙，大辯若訥，大勇若怯，大智若愚」，並視之為美德。謙遜可以使一個人從平凡走向輝煌，而狂妄則往往使一個人從巔峰滑向深淵。一位智者曾寫下這幾句話：「對上級謙遜，是一種本分；對平級謙遜，是一種和善；對下級謙遜，是一種高貴；對所有的人謙遜，則是一種安全。」謙虛謹慎的品格，永遠是一個人建功立業的前提和基礎。

諾貝爾獎的家庭

居里夫人以她謙虛謹慎的品格和卓越的成就獲得了世人的稱讚，她對榮譽的特殊見解，使很多喜歡居功自傲的人汗顏不已。也正因為她高尚品格的影響，後來她的女兒和女婿也踏上了科學研究之路，並再次獲得了諾貝爾獎，兩代人三次獲獎，成為令人敬仰的家庭。

為了取得傑出的成就，一定要把謙虛謹慎當做人生的第一美德來培養。無論是在做人還是處事的時候，我們都必須保持著謙遜低調、不刻意顯示自己的態度，這既是一種人生境界，也是一種處世智慧和人格魅力。

然而，現實生活中卻有一些人喜歡張揚、高調。喜歡吹噓自己的博學與能耐，看過幾本書，就自詡飽學之士、滿腹經綸；寫過幾則公開發表的文章，就自封著名詩人、作家；在工作上，喜歡凡事還沒有做，就開始說大話。喜歡張揚的人，雖然容易引起他人的注意，也許能慷一時之慨、開一時之懷、求一時之名、得一時之利，但這種人往往行之不遠，登之不高，也不會有什麼大成就。

賽賽主公說：

有句名言說：「要以對待上帝一樣謙卑的態度去對待你身邊的人。」謙虛謹慎是成功人士必備的品格，他們待人接物能溫和有禮、平易近人、尊重他人，善於傾聽他們的意見和建議，能虛心求教，取長補短。對待自己有自知之明，在成績面前不居功自傲，在缺點和錯誤面前不文過飾非，能主動採取措施進行改正。

為人要謙遜，做到不張揚，既要開闊視野、博大胸懷，提升自身的人格修養，又要常懷一顆平常心，不論在什麼情況下對個人的名利、進退、榮辱能看得淡一些，像古人說的：「去留無意，看庭前花開花落；寵辱不驚，望天上雲卷雲舒」，得意時淡然，失意時坦然，高調做事，低調做人。

上帝造人

根據《聖經》的記載，在開天闢地時，上帝第一天創造了光，第二天創造了水，第三天創造了花草樹木，第四天創造了太陽、月亮和星辰，第五天創造了大魚和各種飛鳥，第六天創造了牲畜、昆蟲和野獸，之後上帝才造出了人，並派他們來管理世上這一切。

但是，為什麼人類最後才被創造出來呢？其實，上帝想傳達的一個重要觀念，就是如果連一隻昆蟲都比人類先造出來，那人類又有什麼好狂妄自大的呢？這是上帝為了教導人類對於自然懷抱謙虛的巧妙安排。

老子曾告誡世人：「自見者不明，自足者不彰，自伐者無功，自誇者無長。」達文西也說過：「微少的知識使人驕傲，豐富的知識使人謙遜，所以空心的禾稈高傲的舉頭向天，而充實飽滿的禾穗卻低頭向著大地。」不張揚的背後，隱含的是真正的大智慧、大聰明。

賽賽主公說：

做人謙遜內斂不張揚，需要有厚實的內功作支撐，只有一個人的知識、閱歷、素質、修養達到足夠的積澱時，才能真正做到不說張揚之語、不做張揚之事、不逞張揚之能。

為人謙遜不張揚，這不是消沉、保守。其實不張揚的本身，是有自信的，在他們的內心深處蘊藏著蓬勃生機和無限活力，處於低谷不頹廢、遇到困難不退縮、一帆風順時不得意、好成績面前不炫耀，永遠保持著踏實、平常、自然的生活態度和格調，以成熟、理性、豁達、自重、睿智處世做事。

韜光養晦，後發制人

「韜光養晦」是說，在不利的情勢下，用隱藏鋒芒的方法躲避不利，保存自己，伺機圖發。

這句話最早起源於三國時，曹操與劉備煮酒論英雄之說。當時曹操邀劉備一同喝酒大論天下英雄，劉備為了不讓曹操察覺他有雄才大略，有與曹操瓜分天下的雄心大志，也為避免曹操對其起疑心而招來殺身之禍，於是他裝做自己很膽小怕事，還趁一聲雷響之驚假裝摔倒在地，此舉成功的使曹操對他消除了疑心。最後，當劉備實力強大了，就一躍而起，與曹操、孫權等人平分天下，形成三國鼎立之勢。

一個有才能的人，一旦認為自己是才高八斗，居人上者，事事將自己的才學展露，不顧他人是否接受，這很可能招來別人的反對和攻擊，甚至會讓自己受到傷害。

賽賽主公說：

即使自己的學識比別人淵博，懂的比別人的多，也必須在別人的面前表現得謙虛一些，虛心的向他人請教，謹慎地聽取達成共識的意見。這樣做，不僅能對自己的知識進一步得到鞏固，而且還能顯現出你的大度和對別人的尊重。只有這樣做才能博得人們的信任，有了人們的信任，你的才華才能有地方施展，鋒芒才能被人們接受。

木秀於林，風必摧之

《紅樓夢》中評論薛寶釵這個人：罕言寡語，安分隨時。人謂之「裝愚」、「守拙」。她的裝愚、守拙比林黛玉的任性、逞才更容易被人接受，也更容易贏得別人好感。

《紅樓夢》中的鳳姐是一個一出場就光彩奪目，引人注意的人。林黛玉初進賈府時，鳳姐的表現雖然是做戲，卻做得讓所有的人都舒服，那種八面玲瓏與春風得意躍然紙上。那時的鳳姐被賈母寵愛又大權在握，只是她是那種個性張揚的人，想隱藏自己的得意也難。可是，正應了賈母所說的「一個人太聰明太伶俐，只怕活不長」。鳳姐的短處在於她雖然聰明，卻沒讀過書，所以並沒有真正長遠的眼光。名利心與虛榮心只是人性普通的弱點，但長遠的眼光不足，對於一個必須當家的人來說，是很危險的。

做人張揚決絕是鳳姐短處，自古以來「木秀於林，風必摧之」，所以真正的聰明人，都選擇像寶釵一樣裝愚守拙。鳳姐是一頭勇猛的獅子，雖然她的對手們看似都是溫順的綿羊，其實卻都是比獅子更兇猛的野獸。在這個陰氣森森的賈府，盛行的是見不得光的陰謀和權術。處於風口浪尖的鳳姐，無疑會成為第一個箭靶，而賈府的真正敗落，也由她的失權開始。

賽賽主公說：

「糊塗」實際上也是一種「韜光養晦」的藝術。人要學會「糊塗」，大智若愚，大巧若拙，大勇若怯，才能以柔克剛。

有了「糊塗」這個智慧，會有一種解放感。憑著這顆心，你不再會為官所動，為財所負，為名所累，為色所惑；也才會幡然頓悟，參透人生，超越生命，心靈得以安寧。一方面不顯能耐，不出風頭，另一方面更新威嚴、尊卑之俗念，該糊塗時則糊塗。古人云：「小不忍則亂大謀。」也正是如此。韜光養晦其實也是在養精蓄銳，有朝一日等我們有足夠強大的力量，在面對強權和威脅時，自然可以強力抗之。

誰是傻瓜？

美國第九屆總統威廉．亨利．哈里遜出生在一個小鎮上。他是一個文靜又怕羞的孩子，但是鎮上的人常常喜歡捉弄他，他們經常把一枚五分的硬幣和一枚一角的硬幣扔在他面前要他任意撿一個，而威廉總是撿起那枚五分的硬幣。於是，大家嘲笑他是個傻瓜。

有一天，一位婦人看他這樣覺得很可憐，便對他說：「威廉，難道你不知道一角比五分值錢嗎？」

威廉慢條斯理的說：「這我當然知道，不過，如果我撿了那個一角的硬幣，恐怕他們就再也沒有興趣扔錢給我了。」

這就是深藏不露的智慧。

在三國演義中，諸葛亮兵困西城縣，而他當時所剩的糧草兵馬都不敵魏軍。在危急關頭，諸葛亮巧妙的使出空城計，成功嚇退了司馬懿十幾萬大軍。空城計所運用的就是虛虛實實之戰，在沒有足夠實力去對抗強大的敵人時，就要採取這種半虛半實的戰略。

賽賽主公說：

港星周星馳的電影《唐伯虎點秋香》裡有一句很有名的台詞，就是：「別人笑我太瘋癲，我笑他人看不穿」。真正的大智慧，往往是收斂的、內在的，不會輕飄飄的暴露在外。所以在外人看來，這樣的智者很愚蠢，其實這才是不折不扣的大智慧家。在日常的人際交往中，需要有智慧，需要把自己的才能和才華展現給別人，這是大家都知道的，但是智慧也有境界的分別，這卻不是人人都明白的了。

蘇格拉底的智慧

古代希臘的哲人蘇格拉底是柏拉圖的老師。他很聰明，但卻常常稱自己一無所知。有一次他的朋友到神廟去祈求阿波羅的神諭，詢問是否有人比蘇格拉底更聰明？得到的答案是「沒有」。

蘇格拉底聽到這個神諭後，很困惑，因為他認為自己缺乏智慧、不聰明。於是他去訪問了許多人們公認的智者，其中有政治家、文學家、能工巧匠等，這些人都認為自己聰明絕倫，無所不知。透過交談，他發現這些人雖然懂得一些事情，但卻並不精通，對一些事情只是一知半解。經過反覆思考，蘇格拉底終於明白，阿波羅神諭之所以說他聰明，就是指他有自知之明。

神諭的含義是：只有像蘇格拉底那樣深感自己無知的人，才是真正有智慧的人。從此以後，蘇格拉底就以具有「自知其無知」的智慧而自豪。

賽賽主公說：

老子的名言「知人者智，自知者明」，蘇格拉底以具有「自知其無知」的智慧而自豪，就是一種「大巧若拙」的境界。「大智若愚」是「若愚」，卻不是真的愚笨。一個大智慧的人，也必須是個大智者才能做到「若愚」。

《三國演義》中，曹操手下的楊修是多麼聰明的一個人才，但是他最後卻死得很慘，就是因為他雖然很有智慧，但是卻不懂「寶劍要藏鋒」這句話。他一次又一次在曹操面前表現自己的聰明，卻不知道曹操一次一次地在忌恨他，到最後終於下決心要除掉他。這就是聰明反被聰明誤。

一個真正謙虛的人應該知道「是寶劍更要藏鋒」的道理！

不恥下問

一次，孔子去魯國國君的祖廟參加祭祖典禮，他不時向人詢問，差不多每件事都問到了。有人在背後嘲笑他，說他不懂禮儀，什麼都要問。孔子聽到這些議論後說：「對於不懂的事，問個明白，這正是我要求知禮的表現啊。」

衛國有個大夫叫孔圉，他虛心好學，為人正直。那時的社會有個習慣，在最高統治者或其他有地位的人死後，必須為他另起一個稱號，叫謚號。按照這個習俗，孔圉死後，授予他的謚號為「文」，所以後來人們又稱他為孔文子。這稱號讓孔子的學生子貢有些不服氣，因為他認為孔圉也有不足的地方。於是子貢就去問孔子：「老師，孔文子憑什麼可以被稱為『文』呢？」

孔子回答：「敏而好學，不恥下問，是以謂之『文』也。」意思是說孔圉聰敏又勤學，不以向職位比自己低、學問比自己差的人求學為恥辱，當然可以用「文」字作為他的謚號。

賽賽主公說：

這句話，表現出孔子自覺修養，虛心好學的精神。它包含了兩個方面：一方面，擇其善者而從之，見人之善就學，是虛心好學的精神；另一方面，其不善者而改之，見人之不善就引以為戒，反省自己，是自覺修養的精神。這樣，無論同行相處的人善與不善，都可以為師。

在謙虛的指引下，人們就會渴求學習，使自己不斷進步，最終達到成功的頂峰。謙虛是走向成功的原因，成功也是謙虛的必然結果。

李自成起義

禎帝即位的第二年，陝西鬧了一場大飢荒。老百姓沒糧食吃，連草根樹皮也掘光了，只好吃山上的泥土。但是一些地方官吏，卻照樣催租逼稅的讓老百姓無法忍受下去，於是各地爆發了農民起義。

李自成的軍隊在極短的時間裡取得了極大的勝利，起義軍剛進入北京時，受到了市民的熱烈擁護，人人手持香火站在門口迎接，家家戶戶門上貼著「順民」，寫著「永昌元年，順天王萬萬歲」。百姓們的熱情助長了李自成驕傲自滿的情緒，當軍隊順利進城後，部隊紀律卻開始失控，姦淫搶掠一片混亂。最後，李自成的軍隊受挫於山海關，再加上清兵追趕，被逼無奈下他只好撤軍，這時百姓已經對他恨之入骨，紛紛搬出家中床桌等物把巷口堵住，有的乾脆拿起棍子打他們。李自成的軍隊從進京到撤離，僅僅四十天。李自成的失敗，在於進京後文臣武將的腐化驕傲。

賽賽主公說：

勝利永遠屬於那些謙虛向他人學習的人，只有在取得勝利後，繼續保持清醒的頭腦，客觀的面對成績，為自己制定一個更宏偉的目標，這樣才能「更上一層樓」。

「謙虛的人十有九成，驕傲的人十有九空。」無論任何一個年代；無論到了任何一個地方；無論是任何一個人，都要真誠的謙虛，正確的認識自己。虛心向別人學習，是人們事業成功的保障；驕傲自滿則永遠是事業成功的障礙。「虛心使人進步，驕傲使人落後」，這是永久不變的因果定律。

虛心學習的齊白石

齊白石是個著名的國畫大師，也是個虛心好學的典範。

有一次，他的學生畫了一幅《梅雞圖》。齊白石仔細瞧著那幅畫，欣賞了很長的時間。後來他把畫借回家掛在畫室裡，開始照著這幅圖畫起來。第二天，他又去街上買來一隻大公雞，把牠養在院子裡。白天，他就坐在院子裡，仔細觀察大公雞的形態和動作，晚上又反覆的練習畫公雞。

一個星期後，齊白石再次來到學校上課，他把自己的畫拿給學生看，問他：「你看我現在畫得怎麼樣？」同學們都被老師這種虛心學習的精神感動了。

賽賽主公說：

「傻瓜從聰明人身上什麼也學不到，聰明人卻能從傻瓜身上學到很多。」人們常犯的一個通病，就是往往看自己的優點和他人的缺點多，看自己的缺點和他人的優點少；或者只看自己的優點和他人的缺點，看不到自己的缺點和他人的優點；愛拿自己的長處與他人的短處比。在與人相處中，表現出對優於己、強於己者不服氣；對有缺點錯誤者鄙視、嫌棄；嚴於責人而寬於責己；拿正確的道理當手電筒，只照別人，不照自己。

謙虛才能更進步

富蘭克林年輕時，是一個驕傲自大的人，他的言行不可一世且處處咄咄逼人。而造成他這種個性的最大原因，歸咎於他的父親過於縱容他，從來不對他這種行為加以訓斥。

後來是他父親的一位摯友看不過去，有一天，把他喚到面前，用很溫和的言語規勸他一番。而這番規勸，竟使富蘭克林從此一改往日的行為，得到眾人的尊重，擁有更大的進步，最終踏上了成功之路。

當時那位朋友對他說：「富蘭克林，你想想看，你不肯尊重他人意見，事事都自以為是的行為，結果將使你怎樣呢？人家受了幾次難堪後，誰也不願意再聽你那一味驕傲的言論了。你的朋友們將一一遠避於你，免得受一肚子冤枉氣，這樣你從此不能交到好朋友，也不能從別人身上獲得半點學識。何況你現在所知道的事情，老實說，還只是有限得很，根本不管用。」

富蘭克林聽了這一番話，深知自己過去的錯誤，決定從此痛改前非，處世待人處處改用研究的態度，言行也變得謙恭和婉，時時慎防有損別人的尊嚴。

一番話讓一個被人鄙視、拒絕交往的自負者，變成到處受人歡迎愛戴的人脈高手了，一生的事業也得力於這次的轉變。

如果富蘭克林當時沒有接受這樣的勸勉，仍舊事事一意孤行，美國也許將會少了一位偉大的領袖。

有句名言說：「不要自以為是，直到死的那一天！」有謙虛才能更進步。

自以為是，將使與你接觸的人們個個感覺厭惡，給別人不好的印象，這樣你所能交到的新朋友，永遠沒有你所失去的老朋友多，直到被親朋好友遺棄，連基本的生活樂趣都沒有。

要改掉自以為是、目中無人的壞習慣，並不是一件難事，只要記住：在這個世界上高手多的是，現在即使你有了一點點小成就，但比起那麼多成就輝煌的人，那都只是微乎其微。

賽賽主公說：

自以為是的人往往容易招惹他人的不滿與妒忌，「夜郎自大」就是用來形容那些狂妄、自負、自大、驕傲的人。與這些人在一起將成為你的阻力，不利於擴大人脈交往，因為誰也不願意和這種眼裡只有自己的人交往，這樣的人只會讓人感覺不舒服。如果你的四周都是你的阻力或破壞者，在這種形勢之下，你的立足點就容易被推翻，只有謙虛謹慎才能得到更大的進步。

欹器的啟示

孔子帶著學生到魯桓公的祠廟參觀時，看到一個裝水的器皿，傾斜的放在供桌上。孔子問廟裡的方丈這是什麼器皿，方丈告訴孔子這叫欹器，是放在座位右邊用來警示自己的。

孔子告訴他的學生說：「我聽說這種器皿在沒有裝水或水裝太少的時候，它就會翻倒；裡面的水過多或是裝滿了，也會翻倒。只有水量裝得適中，它才能端端正正的擺在那裡不會倒。」說完便要每個學生試驗一下。

於是，學生們紛紛取水往欹器裡倒。

果然，當水裝得較少時，它是傾斜的；當水裝得適中時，它是端正的；當水裝得過多或是滿了的時候，它就翻倒了；但是等水流盡時，它又傾斜了。這時，孔子深有感觸的說：「唉，世界上哪有太滿而不傾覆的事物呢！」

賽賽主公說：

自以為是的人只有失敗，而謙虛謹慎的人才能從一個進步走向另一個進步。

即使有人對你大加讚美，那也只是表明他們的好意，而不能說是你的成就已達巔峰。當你對人說話時，應該打定主意：你是在向對方吸取學識經驗，而不是把你淺薄的學識全部搬出來炫耀。你發表意見，必須抱著求人將它改善的目的，而不是用來壓倒人。

一個有理想的人，也必須堅持不斷的學習，活到老學到老，生命不息，學習不止。學如逆水行舟不進則退，一個人只要停止了學習，他的理想也就停止了。

別沾沾自喜

有一則《虹和橋的對話》寓言：虹看到弧形的石橋，向它說「我大地上的姐妹，你的生命比我長久」。

石橋回答：「你那麼美，你在人們的記憶中必然是永恆的」。

寓言中，橋的生命雖然比虹長久，但它很謙虛，不小看轉瞬即逝的虹，卻看到了虹的美麗色彩在人們記憶中是永恆不滅的。這是橋謙虛謹慎、寬容性格的表現。謙虛謹慎，能讓我們充分理解人。充分發現別人的優點，是做人的一種態度，是一種美德，能使人學到他人的長處，使人冷靜思考，這對一個人的立身創業至關重要。

唐代吳兢在《貞觀政要．謙讓》中說：「己雖有能，不自矜大，仍舊不能之人，求訪能事。己之才藝雖多，猶病以為少，仍就寡少之人更求所益。」謙虛謹慎，低調做人，恭敬和氣，心淡人靜，知進知退，便會富有人緣，受人擁戴。

賽賽主公說：

歷史上類似橋性格的例子很多，如劉備發現了諸葛亮的治國之才，「三顧茅廬」共建大業；唐太宗發現了魏徵的才華，兼聽博采，才有「貞觀之治」的盛況……謙虛謹慎，可使人保持清醒的頭腦，增強寬容的含量，促使人去發現別人的長處。

沾沾自喜，驕兵必敗。人一旦沾沾自喜，驕傲起來，縱有天大的本領，「獨木不成林」將會什麼都做不好。沾沾自喜，是走向成功的大忌。

一物剋一物

蜈蚣和蝮蛇在一塊被野獸踩躪過的草地上相遇。

蝮蛇見了蜈蚣便心驚膽顫轉頭就跑，而蜈蚣則迅速跑到蝮蛇的前面，擋住它的去路。蝮蛇見無路可逃，呀的一聲張開大嘴，露出鋒利的牙齒和火焰一般閃動的長舌，準備與蜈蚣作最後的決鬥。蜈蚣把頭一縮，身子一弓，箭似的把自己彈進蝮蛇的嘴裡。蝮蛇在蜈蚣閃電似的進攻下麻木了，最後連自己是怎麼死的都不清楚。

過了幾天，蜈蚣看見了蛞蝓。它看到蛞蝓長著一身白嫩嫩的細肉，很想把它吃掉。此時馬陸出來勸告蜈蚣說：「那傢伙個頭兒雖小但是很毒，你可不要去觸犯它啊。」

蜈蚣說：「是嗎？誰都知道，世界上最毒的動物是蛇，而蛇中最毒的就數蝮蛇了。龐然大物的蝮蛇我都不怕，哪會怕這一寸長的蛞蝓呢！」說罷便氣勢洶洶的朝蛞蝓爬去。

蛞蝓見蜈蚣前來挑釁，毫不緊張。它伸伸懶腰，等待蜈蚣走近。蜈蚣剛剛爬到蛞蝓附近，還沒有來得及施展威風，就被蛞蝓迎頭噴來的一股液體黏住。蜈蚣想溜走，但是腳和觸鬚都黏在一塊，不能動彈。不到一會兒，蜈蚣就被一堆螞蟻吃掉了。

賽賽主公說：

即使能戰勝蝮蛇也不意味著就能戰勝蛞蝓。古人說，生生相剋就是這個道理。蜈蚣沾沾自喜的把暫時的勝利當做永久，自認為天下無敵，對一得之功盲目自滿，只看到自己的長處，看不到自己的短處，又過分誇大了自己的能力。

人生也是一樣，每人都有得意之時，每人都有機會獲得某種成功。但是這並不意味著你真的很成功了，也許只是機遇，也許你還沒有遇到能壓制你的那隻蛞蝓。淡然面對自己的成功，不要把一時的成功當做永久的豐碑！

不自量力的猴子

在一片茂密的樹林裡，住著許多可愛的小動物，牠們快樂的生活在一起，無憂無慮。有天，樹林裡突然傳出「哇」的一聲，一隻可愛無比的小猴降臨人間，這哭聲衝破了黎明的寂靜。

時間飛逝，小猴子漸漸成長為一隻強壯有力的大猴子，牠很快樂也很驕傲。有一回，大猴子用尾巴鉤住樹幹，吊在樹上，無意中看見了一群螞蟻吃力的抬著一顆蘋果便嘲笑道：「你們螞蟻真沒用，連顆蘋果都抬不動，真是好笑，我一隻手就能捏死你們好幾個。」

一隻螞蟻氣呼呼的說：「有什麼了不起的，你不就只是力氣大而已，別太小看人！」

「有本事我們比比，我一人就能對付你們好幾個，要不你們大家一起上，怎麼樣？」大猴子驕傲的說。

螞蟻們胸有成竹地說：「比就比！誰怕誰！」。

比賽開始了，幾千隻螞蟻排著整齊的隊伍站在大猴子面前，大猴子和螞蟻們一致認同抬一塊大石頭。

大猴子一馬當先去試試，可是牠用盡全身力氣都抬不動那塊大石頭，最後只能垂頭喪氣的走開了。而螞蟻們用團體的力量，一下子就把那顆石頭抬了起來。這時大猴子看得目瞪口呆，於是灰頭土臉的走開了，但是大猴子仍不明白團體的力量是最大的。

後來在一個傍晚，大猴子看見一隻大老虎在追一隻小鹿，可是最後卻沒有追上。牠嘲笑大老虎：「你這個沒用的傢伙，連一隻小鹿都追不上，太沒用了！」

大老虎聽了，生氣的說：「你敢罵我，不要命了，小心我吃了你！」

大猴子輕蔑的看了一眼老虎說：「我才不相信，我就是要罵你，看你能把我怎麼樣？」

大老虎大吼一聲，說：「你這隻沒用的猴子，你可知道我是百獸之王。」

大猴子仍舊不聽，驕傲的站在那兒，老虎向大猴子撲去，可憐的大猴子白白當了大老虎的晚餐。

賽賽主公說：

猴子不知道自己究竟有多少能耐，所以在螞蟻面前出了醜。出醜是小事，在老虎面前，牠依然一副不可一世的樣子，激怒了老虎，最終丟掉了性命。猴子因為沾沾自喜而失去了生命，這就是牠為自己的驕傲付出的代價。牠的沾沾自喜是盲目的，自己沒有什麼優勢，就是有一張能說的嘴。弱者可能會害怕，但是當碰到了強大的對手，還不懂得收斂，只有被收拾的份。

盲目沾沾自喜，驕傲自大，總是要付出代價的。很多時候也許你的輝煌是靠別人給你的，如果把別人的成就當成自己的資本，就會付出代價。

成功的祕訣

有一次，報社的記者採訪諾貝爾獎得主丁肇中教授。記者問：「美國大學要讀四年，研究所要讀五至六年，才能取得博士學位，據說您總共只用了五年左右的時間，對嗎？」

丁肇中答：「確實是這樣。因為在那樣困難的逆境中讀書，就得用功。」

記者又問：「您取得成功的祕訣是什麼？」

丁肇中說：「取得成功的祕訣只有三個字：勤、智、趣。」這裡的「勤」指的就是勤奮。丁肇中認為獲得成功的第一個祕訣就是勤奮。中學時代的丁肇中就是一個以勤奮學習而出名的學生。讀大學後，無論是在哪裡，他都是以勤奮而聞名。居里夫人說過：「懶惰和愚蠢在一起，勤奮和成功在一起，消沉和失敗在一起，毅力和順利在一起。」丁肇中選擇與勤奮在一起，他就選擇了與成功在一起。

賽賽主公說：

如果養成了決定以後一以貫之、不再更改的習慣，那麼在作決定時，就會運用你自己最佳的判斷力。但如果你的決定連自己都不認為它就是最後的決定，就等於替自己留下重複考慮的空間，因而不會做出一次就能成功的決定。如果決定後決不更改，就能深刻的認識到，未經深思熟慮的決定，必定不會成功，執行這個決定也只是徒受損失。這樣，你就會在決定之前，小心翼翼慎加判斷，進而訓練、發揮你自己的最佳判斷力。不留退路，才有出路！

最偉大的吻

有一名女教師，她長得很美。她的學生，特別是男學生，都希望能得到她的喜愛和重視。女教師十分喜歡班上一個名叫羅斯的小男孩，因為他上課認真而且很守紀律。老師便安排他在畢業典禮上致詞並親吻他，祝他走向成功之路。可是這一吻卻引起了另一個小男孩的嫉妒，他覺得老師也應該吻自己一下。

他便和老師說：「老師，妳也要親我一下。」

老師很驚訝問他為什麼。

小男孩說：「我覺得自己並不比羅斯差。」

女教師聽了，微笑著摸摸他的頭說：「可是，羅斯學習認真而且很守紀律。」

女教師接著說：「如果你能和羅斯一樣出色，我也會給你一個吻。」

小男孩說：「那我們一言為定。」

為了得到老師的吻，小男孩發奮學習。後來，他真的得到了美麗老師的一吻了。

這個小男孩名叫亨利．杜魯門，他最高的職位是美國總統。

賽賽主公說：

為了獲得一個吻，小男孩可以發奮學習。我們可以相信，他是一個為達到目標堅韌不拔的人，他後來的成功也說明了這一點。在目標的激勵下，我們會挖掘出很多自己的潛能。

天才與勤奮的選擇

一九二七年諾貝爾文學獎獲得者柏格森，在師範學院畢業後便從事教學工作。在教學的同時，他花了大量的時間閱讀各種哲學著作，不斷思索並進行著哲學研究工作。在幾年的時間裡，他完成了《論意識的即時性》及其他論文。在長期的研究工作中，他曾經對朋友說：「近十五年來，我從來沒有真正休息過一天或半天。」長期的勞累使柏格森在六十六歲時就癱瘓了。由於病情嚴重，柏格森不得不辭去教職。為了繼續自己的研究事業，他與病魔頑強的搏鬥著。他坐在書桌前，為了防止自己從座位上跌下來，他用一條繩子把自己綁在椅子上。他的動作十分困難，連吃一頓飯都得進行幾個小時。然而即使這樣，柏格森也從不放棄工作。晚年，他的右手幾乎僵硬，但他還是堅持完成了最後一部著作。

美國恐怖小說大師史蒂芬．金也是一個勤奮的人。每天天剛亮，他就坐在打字機前開始一天的工作。剛開始寫作時，史蒂芬．金非常窮困，甚至連電話費也繳不起。但是，他每天堅持寫作，一年當中只休息三天，那就是自己的生日、聖誕節和美國的獨立紀念日。其餘的時間，他都在不斷的寫作，所以他的靈感從來沒有枯竭過。他說，「我從沒有過沒有靈感的恐慌」。

賽賽主公說：

學術大家季羨林老先生曾經說過：「勤奮出靈感。」繆斯女神對那些勤奮的人總是格外青睞的，她會將靈感源源不斷的送給這些人。愛因斯坦說：「在天才與勤奮之間，我毫不遲疑的選擇勤奮，它幾乎是世界上一切成就的催化劑。」

事實上，一個勤奮的人，他能夠取得的成就必然比其他人要多。

成功先生與失敗先生

我們的頭腦是一個「思想製造工廠」，一個非常忙碌、每日製造無數思想的工廠。這座工廠由兩位工頭負責。一位我們稱他為成功先生，另一位我們稱他為失敗先生。

成功先生負責正面思想的生產，他的專長是生產你之所以可以、夠資格，以及會成功的理由。另外一位工頭失敗先生則是負責生產負面、自貶的思想，製造你之所以不能、不精、不足成事的理由。生產為什麼你會失敗的思想，是他的專長。

成功先生和失敗先生都非常聽話，你只要稍稍給他們信號，他們就馬上採取行動。如果信號是正面的，成功先生就會出來執行命令。反之，負面的信號，失敗先生就會出來完成任務。想要瞭解這兩位工頭的影響，你不妨這麼做：告訴你自己「今天真倒楣」。

失敗先生一接到這個信號，立刻製造出幾個事實證明你是對的。他會讓你覺得今天太熱或太冷、生意冷清、售貨量減少、有人不耐煩、你生病、你的老闆心情不好。失敗先生非常有效率，不到一會兒工夫，你就感到今天真的倒楣。

如果你告訴自己「今天是個好日子」。成功先生接到信號出來執行任務，他告訴你「今天是個好日子、天氣好，仍然快樂地活著、你又可以趕些進度」，今天真是個好日子。

所以，失敗先生讓你相信你無法說服客戶，成功先生則告訴你可以；失敗先生說你會失敗，成功先生則讓你相信你會成功；失敗先生找了冠冕堂皇的理由叫你不喜歡小陳這個朋友，成功先生則叫你相信小陳是值得信任的一個人。你給他們的信號愈多，他們就變得愈有權力。

如果失敗先生的工作增加，就會增添人員，佔據腦部更多的空間。最後當他霸佔了整個思想工廠後可想而知，所有生產出來的思想都將是負面的。所以最聰明的辦法就是開除失敗先生，你不需要他，你也不想他在旁邊告訴你這不能、那辦不到、這麼做絕對會失敗。既然他無法幫你達到成功的目的，那何不乾脆一腳把他踢開完全重用成功先生，不論任何思想進入腦中，都派成功先生去執行任務，他才能引你步向成功。

賽賽主公說：

一切成功全靠你自己，全靠你頭腦中的「成功先生」。任何事情都需要努力奮鬥，只有持之不懈的努力，才能獲得美好的前景。

團體力量比一個天才更重要

當年內藤一個人來到大阪的時候一文不名，只好在一家鈕扣店當學徒。工資雖然微薄，但他卻沒有放棄努力，每天利用打烊的空閒時間到補習班學英語。二十六歲那一年，他考入大阪田邊製藥公司。這時候，內藤將學到的英語派上了用場，公司得知他會英語，便經常派他到國外出差。年輕的內藤利用這種機會，充分吸收了國外的有關知識，特別是對德國、瑞士等國的醫藥品公司十分留意，而且對他們設備的完美也十分驚奇。他充分理解並堅信，藥品要上市成功，必須發揮團隊力量才能夠達到目標。回國以後，他立刻向上司反映，希望參照歐美藥廠增加研究設備，但公司沒有採納他的建議。於是，他毅然決定離開田邊製藥公司。

一九四一年，內藤在「團體力量比一個天才更重要」的理念指導下，成立了日本衛材公司，並確立「真正的藥品是供給專家用的」信念。當時正值美國瑪格莉特・聖格女士首倡的「節育運動」，於是衛材公司適時推出的避孕藥大為暢銷，藉此公司得以正式展開營業活動。此後這家公司又推出了暈車藥、消炎藥、維生素等產品，逐漸發展成為一家綜合醫藥企業。

賽賽主公說：

如果一個人從早上起床到晚上睡覺，在這之間做的都是自己想做的事情，他就是一個成功的人。只有懶惰的人才會抱怨命運的不公平，抱怨自己沒有時間，而頭腦靈活又勤勞的人，卻能在所有的日子裡孜孜不倦，能夠在瑣碎的小事中尋找脫穎而出的機會。

第五章

一步一腳印，執著一生

無論是學習還是工作，無論面對的環境是鬆散還是嚴謹，我們都應該認真。如果凡事得過且過，從不認真做好每一件事，就會被美好的未來毫不猶豫的排斥在它的可能之外。認真是真正的聰明，因為認真是提升自己能力的最佳方法。人們總是喜歡耍點「小聰明」，以為這樣可以什麼事都搞定，然而卻常常在關鍵時刻出現失誤。真正有執行力的人，他在內心會建立起一個信念，知道世上的事只有認真、踏實的做，才可能換來成功。一個真正負責的人，認真做事，執著一生。

自豪的補鞋匠

一個上了年紀的補鞋匠，鋪子開在巴黎古老的瑪黑區。有天，傑克拿鞋子請他修補，補鞋匠先是對傑克說：「我沒空。請你拿去給大街上的那些傢伙吧，他們會立刻替你修好。」可是，傑克只相信他的手藝。因為只要看他工作檯上放滿了皮塊和工具，就知道他是個巧手的補鞋匠。

「不要。」傑克回答說，「那些傢伙一定會把我的鞋子弄壞。」

「那些傢伙」其實指的就是那些能馬上替人釘鞋跟和配鑰匙的人。傑克說：「他們根本不太懂得修補鞋子或配鑰匙。他們工作馬虎，要他們替我縫鞋，那我乾脆把鞋子丟掉算了。」

鞋匠見傑克堅持不走，於是笑了起來。他把雙手放在藍布圍裙上擦了一擦，看了看傑克的鞋子，然後叫傑克用粉筆在一只鞋上寫下自己的名字，說道：「一個星期後來取吧。」

傑克要轉身離去時，他從架子上拿下一只做工極好的軟皮靴子，並得意的說：

「看到我的本領了嗎？連我在內，整個巴黎只有三個人能有這種手藝。」

那位補鞋匠說話不拘禮節，喜歡戴著一頂形狀古怪、滿是灰塵的氈帽，操著奇特的口音不知來自何處，而最特別的是他對自己的技藝深感自豪。一個認真而又誠實的工匠不論做哪一門手藝，只要他盡心盡力，忠於職守，除了保持自尊之外別無他求，那麼他的高貴氣質實不亞於一個著名的藝術家。

賽賽主公說：

認真是一種態度，更是一種境界，它能使我們在學習和生活中認真負責。作為一種思想境界，它能使我們不斷進取，用長遠的思考來規劃自己未來，讓我們在做事的時候做到細緻入微、精益求精。

認真勝過聰明

一輛汽車有上萬個零件，需要上百家企業生產合作；一架波音七四七飛機，共有四百五十萬個零部件，所涉及的企業更多。生活中需要面對無數瑣碎的事情，但如果認真去做好這些小事，才能為成就大事打下好的基礎。認真就要勤於思考。當你在靜下心來，以平靜的心情和開放的心靈認真思考時，才會有所收穫。假如每天都漫不經心，那麼每天也只是簡單地重複的過，自己將不會有任何發展。

生活中的任何一件小事都將可能決定人生的成敗。每一件看起來似乎微不足道的事，都要全力以赴地、認真地去對待，這不僅是學習和做事的原則，也是人生的原則。

認真就是要改善細節，人人都有改善的能力，事事都有改善的餘地。認真需要我們從小事著手，從細節做起。現實社會生活中，想做大事的人太多，而願意把小事做好的人太少。實際上，隨著經濟的發展，專業化程度越來越高，社會分工越來越細，真正所謂的大事實在太少。反省一下自己，我們是不是總是傾心於宏偉的目標和遠大的理想，總覺得那些微不足道的小事不過是秋天飄落的一片片樹葉，沒有聲響？但生活其實是由一些小得不能再小的事情所構成的，一個不願認真做小事的人，是不可能成功的。

賽賽主公說：

除了少數的天才，大多數人的天賦都相差無幾。而是什麼造成了如此巨大的差距呢？答案是「認真」。它可以讓一個毫無背景、普普通通的人脫穎而出，取得非凡的成績；也可以讓一個能力過人、才華橫溢的人碌碌無為，成為一個被社會淘汰的對象。

平凡中發現的奇蹟

人類歷史上，尤其是科學發展史上的成功人物大都具備優良的觀察力。

物理學家牛頓，從孩提時代起就喜歡對各種事物進行仔細觀察，力圖透過現象看本質，把不懂的地方徹底弄清楚。有一次，他在狂風中衝出門外，一會兒順風前進，一會兒逆風行走，目的就是要實地觀察順風與逆風的速度差。義大利科學家伽利略，從觀察教堂裡吊燈的搖曳開始，經過實驗研究，發現了鐘擺的定時定律。英國發明家瓦特，從燒開的水頂起壺蓋的觀察中琢磨出蒸汽機的基本原理，引發了一場工業革命。

偉大的生物學家、進化論的創始人達爾文從小熱衷於觀察動植物，他曾注意過花的不同顏色，並試圖用不同顏色的水去澆灌花，以期待開出不同顏色的花朵，他曾到南美洲觀察動植物的生長習慣，經過數年的累積和二十多年的觀察，終於完成了《物種起源》。達爾文說：「我既沒有超人的理解力，也沒有過人的機警，只是在察覺那些稍縱即逝的事物，並對其進行認真觀察的能力，我可能在眾人之上。」

賽賽主公說：

觀察能力的強弱也是一個人是否認真的表現。認真觀察的人，能從一般人認為司空見慣的事物中發現奇蹟。蘋果落地，水壺蓋被水蒸氣掀開，這些都是人們十分熟悉的現象，但牛頓和瓦特卻由此分別發現和發明了萬有引力定律及蒸汽機。

認真是在學習和生活中取得成功的重要因素。只有不斷練習自己的觀察能力，在學習和生活中從小事和細節著眼，才能在人生中取得更大的進步，得到更多的收穫。

學會舉一反三

英國北部卡都布萊克本地區住著一個名叫詹姆斯．哈格里夫斯的人。他和妻子一個織布一個紡紗，以此度日。有一天，哈格里夫斯的妻子在紡織的時候，不小心把紡車給撞倒了。奇怪的是，紡車上的紡錘從水平變成垂直立了起來，卻仍然不停的轉動著。哈格里夫斯看了就想：原來紡錘立著也能夠轉動。如果在一個框框中並排立著幾個紡錘，用同一個紡輪帶動它們，這樣不就同時可以紡好幾根紗了嗎？

想到這裡，他非常高興，馬上就動手做了一個立式紡錘的紡車，在一個框框上並排安置了八個紡錘，一下子就使工作效率提高了八倍。後來，哈格里夫斯用女兒珍妮的名字為之命名，這就是「珍妮紡紗機」的由來。

賽賽主公說：

當時，誰也沒有想到，這樣一個發明，竟然成了「震撼舊世紀基礎」的楨桿，孕育了一場震撼整個世界的新工業革命。舉一反三，一直是人類進行創造性思維的重要途徑和方式。它給你的想像力和創造力一個更大的空間，進而達到事半功倍的效果。

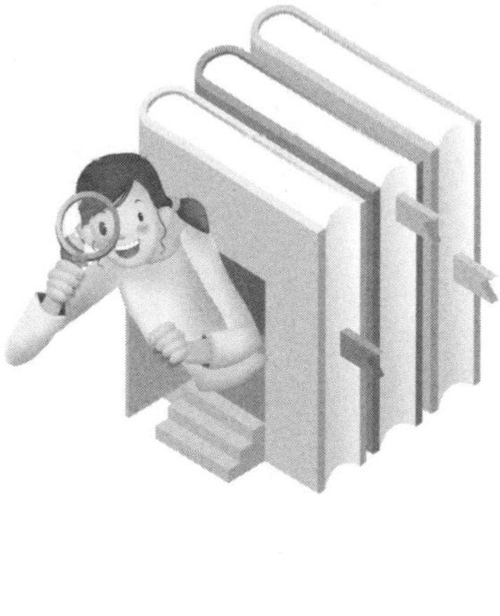

砸出來的獎座

在巴拿馬國際博覽會上，茅台酒無人問津。最後一天，銷售員乾脆將茅台酒往大廳裡一砸，頓時酒香撲鼻，吸引了眾多客商和評審，並重新評選，將茅台酒評為國際金獎。

走路時不小心踩到香蕉皮，很容易滑倒。這是很多人司空見慣的現象。一位美國學者卻對這一現象產生了濃厚興趣。他透過顯微鏡觀察，發現香蕉皮是由幾百個薄層構成的，層與層之間很容易產生滑動。由此，他突然想到：如果能找到與香蕉皮相似的物質，就能做為很好的潤滑劑。就這樣，經過再三實驗，一種性能優良的潤滑劑被製造出來了。

天文學家克卜勒說：「類比是我最可靠的老師。」哲學家康德說：「每當理性缺乏可靠的論證思路時，類比這個方法往往指引我們前進。」日本學者大鹿讓認為：「創造聯想的心理機制首先是類比……即使人們已經瞭解了創造的心理過程，也不可能從外面進入類似的心理狀態……因此，為了使創造活動提供一個良好的心理狀態，得採用一個特殊的方法，就是使用類比。」

賽賽主公說：

人類認知的發展，總是從不熟悉到熟悉，對一項新事物的認識，總是以舊事物作為參照的。要創造新事物或對新事物的有效認識，首先要有對「相似性」敏感的直覺。當要創造某一事物而又思路枯竭的時候，就可透過從自然界或人工物品，直接尋找與創造對象、目的類似的對應物，這樣可以減少憑空想像的缺點。

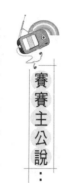

另類行銷術

炎炎夏日，俄羅斯某百貨商店經理亞圖申斯基的心裡更熱。因為防寒法蘭絨襯衫銷售狀況並不如預期，連季末的銷售計劃都無法完成，而且商品還有大量的庫存。

有一天，經理看到對街的水果店排著隊伍，人們正在買香蕉，還不斷有人叫喊：「每人每次只能買一公斤！」

這讓亞圖申斯基心生一計。他立即擬寫了一張廣告並吩咐售貨員：「未經我批字許可，只准賣一件！」

五分鐘過後，一個顧客走進經理辦公室：「我有很多家人……」

「很抱歉，我實在無能為力。」顧客正轉身要走，經理說，「好吧，但是就只能賣給你三件。」並寫了一張單子送給喜出望外的顧客。

這顧客剛走出門，一個男人就闖進辦公室大聲嚷道：「你們根據什麼條件限量出售襯衫？為什麼他可以買三件？」

「根據實際情況。」經理回答著，「那我破例給您兩件吧。」

接下來又有一個年輕人，在一個小時內幾進幾出，買到了大批襯衫。經理的電話鈴響個不停，讓他有點應接不暇了。百貨商店門口竟然排起了長長的隊伍，連趕來維持秩序的警察，自己也買了一件襯衫。

到了下午，亞圖中斯基又想出一個方法就是：「買襯衫送手帕。」排隊排很久的顧客雖然怨氣沖天，但仍是爭相購買。

到了傍晚，所有庫存的襯衫都被搶購一空。而經理的臉上，也露出了笑容。

賽賽主公說：

舉一反三，方能化險為夷，走出絕境的鑰匙就在你的身上。善於捕捉生活細節，靠的就是敏銳的眼光和準確的判斷力。一個小小的觀察，折射出無盡的智慧。

除了要在小事和細節方面著眼，還要在學習或生活中練習自己的觀察能力。好的觀察力也將是取得成功的重要能力。

專注的六十年

在荷蘭，有一個初中剛畢業的農家青年來到一個小鎮，找到了一份替鎮公所看門的工作。他一生都沒有離開過這個小鎮，也沒有換過其他工作，就在這個守衛的崗位上，一直工作了六十多年。

也許是工作太輕鬆，他得自己想辦法打發其他空閒的時間。所以他選擇一種又費時又費工的休閒「打磨鏡片」作為自己的業餘愛好。就這樣，他磨呀磨，一磨就是六十年。由於他是那樣的專注細致和鍥而不捨。所以他的技術已經超過專業技師了，他磨出的複式鏡片可以放大的倍數，比他們都要高。

藉著他研磨的鏡片，他發現了當時科技尚未知曉的另一個廣闊的世界——微生物世界。從此，他聲名大振，只有初中程度的他，被授予了他做夢也沒想到的巴黎科學院院士頭銜，就連英國女王都曾到小鎮拜會過他。

賽賽主公說：

創造這個奇蹟的人，就是科學史上鼎鼎大名的荷蘭科學家雷文虎克，他老老實實的把手上每一塊玻璃片磨好。他用盡畢生的心血，致力於每一個平淡無奇的細節的完善。終於，他在他的細節裡看到了上帝，科學也在他的細節裡看到了更廣闊的前景。

用六十年時間來換取一個偉大的發現，人們都會說：「值得！」但真要你花上六十年，甚至只是六年時間來專注某件事情，你能做到嗎？原來，一生能做好一件事也並非易事。

一步一腳印

如果給你一張報紙，然後重複這樣的動作：對折，不停地對折。當你把這張報紙對折了五十一萬次的時候，你猜所達到的厚度有多少？一個冰箱那麼厚？或者兩層樓那麼厚？答案大概是你所能想到的最大值了吧？經過電腦的模擬，這個厚度接近於地球到太陽之間的距離。

為什麼簡簡單單的重複動作，會有這樣驚人的結果呢？是不是讓人感覺好似一個奇蹟？就像要把鞦韆盪到一定的高度與每一次用力是分不開的，用力的動作雖然簡單，卻依然要一絲不苟的完成，因為任何一次偷懶都會降低你的高度。

賽賽主公說：

其實，這樣的事情每個人都會做，但又不屑做，這些事情貫穿整個日常生活，甚至你早已完成了這些動作，自己都不記得。全世界都談論「變化」，「創新」等新概念時，卻把「一步一腳印」給忘記了。

「一步一腳印」是每個人都能夠做到的，可是你真正做到了「一步一腳印」的精神了嗎？

致加西亞的信

阿爾伯特．哈伯德的作品《致加西亞的信》，故事中寫著：「在美西戰爭爆發以後，美國必須儘快跟西班牙的反抗軍首領加西亞取得聯繫，因為加西亞將軍掌握著西班牙軍隊的各種情報。但是，美國軍隊只知道他人在古巴叢林的山裡，卻沒有人知道確切的地點，因此無法聯絡。然而，美國總統又要儘快的獲得他的合作。這時一名叫做羅文的人被帶到了總統的面前，總統將送信的任務交給了這名年輕人。一路上，羅文在牙買加遭遇了西班牙士兵的攔截，也在粗心大意的西屬海軍少尉眼皮底下溜過古巴海域，還在聖地牙哥參加了游擊戰，最後終於在巴亞莫河畔的瑞布伊把信交給了加西亞將軍，從此羅文被奉為美國的英雄。」

看過這本書的人也許會覺得，羅文所做的事情根本就不需要超人的智慧，只是一環扣一環的前進，因此認為把羅文塑造成英雄，實在是有點言過其實了。但就是羅文「一步一腳印」的精神，踏踏實實的把信交給了加西亞，才使美國贏得了戰爭。

賽賽主公說：

踏實與一步一腳印並不等於原地踏步、停滯不前，它需要的是有韌性而不失目標，時刻在前進，哪怕每一次都是前進很短的、不為人所矚目的距離。然而「突然」的成功，大多都來自於這些前進幅度微小而又不間斷的「一步一腳印」。

對圖書館最有用的事

美國有一位圖書館館長，每天早上八點，總是親自為自己的圖書館開門，然後對第一批踏進圖書館大門的讀者致意請安，再巡視館內各地一番後，才回去自己的辦公室。有人告訴他，館長不必做這些小兒科之事。

而他卻回答：「我來開門，是因為這是我一天所做的事裡，唯一對圖書館最有用的事。」

以蟲為主食之一的啄木鳥和喜鵲，在同一個樹林裡覓食。啄木鳥總是默默地、一聲不響地細心尋覓，一旦發現生病的樹，就停下來心無旁騖地搜尋，直到發現蟲子為止。而喜鵲卻總是唧唧喳喳叫個不停，從這棵樹飛往那棵樹，東找找、西望望，因此連一條蟲子都找不到。

最後，啄木鳥因為專一而有了收穫，喜鵲因為浮躁而餓肚子。

賽賽主公說：

不要小看那些小如開門的瑣事，它構成我們生活中最細致最親切的一環。腳踏實地與一步一腳印的反面是浮躁。浮躁是成功、幸福和快樂的最大敵人。它潛伏在我們的心靈深處，是一種負面能量，經常讓我們莫名地感到茫然不安，心靈無法平靜。只有靜下心來才不會被浮躁所左右。能夠影響我們的不是事物本身，而是我們對待事物的態度。「平和沉靜，腳踏實地；不以物喜，不以己悲」，才是我們對待事物應該持有的正確態度。

什麼也沒學會

娜娜參加學校的舞蹈社還沒滿兩天，就覺得練舞太累，還是拉小提琴比較時髦，於是就改學小提琴。隔沒多久，又覺得學小提琴很無聊，改變主意想學其他的才藝，於是又改選了繪畫班。可是學著學著又覺得繪畫要求太高、太繁瑣，最後跑去學唱歌……就這樣週而復始，娜娜不斷地轉換學習科目，始終沒有好好靜下心來學好一門才藝。當學期結束後，她發現自己什麼也沒學會。

賽賽主公說：

有浮躁傾向的人，經常心浮氣躁，做事情總是半途而廢、朝三暮四。他們對任何事物總是患得患失，也經常焦慮不安、喜怒無常，總是自尋煩惱，做任何事情習慣性地「坐這山望著那山高」，耐不住寂寞，無法靜下心來，稍不如意就輕易放棄，不肯為一件事傾盡全力。

拒絕浮躁，少說廢話

浮躁往往會讓人煩躁難安，再細微的事情都讓心情大起大落。一旦遇見好事，往往會興奮得難以自制，甚至得意忘形。但如果面臨逆境，便會立刻墜入痛苦的萬丈深淵，痛不欲生，彷彿遭逢世界末日一般。

一位知名的音樂家，在成名前曾於英國研習相關專業知識，有一段時間，他總是感到莫名的浮躁，用了很多種方法都不能使自己靜下心來。於是，他寫了一封信回家詢問父親該如何是好。父親在回覆的信件裡寫道：「若想靜下心來，就要經得起外面花花世界的誘惑，要坐得住冷板凳，才能保證心靈的暢通無阻，讓知識直達頭腦和內心。」

賽賽主公說：

人一旦變得浮躁，就無法靜下心，也就不能專心致志地學習和工作，東想西想，無論做什麼事，即便是讀書，也是浮光掠影、蜻蜓點水似的不踏實。也因為煩躁不安、心緒不寧，所以常沉溺於幻想，總是想得多、做得少，最終導致一無所獲。因此，要想學有所成，必須拒絕浮躁，做到少說廢話，用心專一，腳踏實地。

看完所有題目再作答

有個自負、聰明的學生參加考試。試卷一發下來，他大致瀏覽了一下，除了試卷上頭一行「請先看完所有題目之後，再開始作答」之外，就是一百道是非題。以他的實力，大約三十分鐘可考完，於是他滿懷自信地提筆開始作答。

過了兩分鐘，有人滿面笑容地交卷，這個聰明的學生心中暗笑：「又是交白卷的傢伙。」再過五分鐘，又有七、八個人交卷，同樣是笑容滿面，看來不像是交白卷的模樣。這個聰明學生看看自己只答到二十幾題，連忙加快速度，埋頭作答。待他答到第七十六題時，赫然發現題目寫著「本次考卷不需作答，只要簽上姓名交卷便得滿分，答一題扣一分。」他滿臉狐疑地舉手欲向監考老師發問，只見同時也有數名考生迷惑地四處張望。聰明的學生看著試卷第一行的說明：「請先看完所有題目之後，再開始作答。」他不禁痛恨自己答題的快速。

真正難的部分，在於我們時常高估自己的聰明，而忽略了旁人的智慧。

賽賽主公說：

國學大師陳寅恪曾在一次演講中送給學生這樣一句話：「心有浮躁，猶如草置風中，欲定不定。」他以此告誡學生在學習過程中不能浮躁，要自定心神，集中精力專注於功課。一步一腳印，才能有所進步，也才能取得成就。學習是一個在新領域中不斷探求、不斷進步的過程，它要求有嚴格縝密的思維、一步一腳印的行動。消除浮躁的感覺，把心思收回，才是成功的祕訣。

一點五秒的疏忽

在寶僑公司剛開始推出去漬洗衣粉時，市場佔有率和銷售額以驚人的速度快速向上飆升，可是沒過多久，這種熱銷的情況就逐漸放緩了。寶僑公司的銷售人員非常納悶，雖然進行過大量的市場調查，但一直都找不到銷量停滯不前的原因。於是，寶僑公司召集了很多消費者開了一次產品座談會。會上，有一位消費者說出了去漬洗衣粉銷量下滑的關鍵，他抱怨說：「去漬洗衣粉的用量太大。」

寶僑的主管們忙追問其中的緣由，這位消費者說：「你看看你們的廣告，倒洗衣粉要倒那麼長時間，衣服是洗得乾淨，但要用那麼多洗衣粉，算計起來更不划算。」

聽到這番話，銷售經理趕快把廣告找來，算了一下展示產品部分中倒洗衣粉的時間，一共三秒鐘，而其他品牌的洗衣粉，廣告中倒洗衣粉的時間僅為一點五秒。也就是在廣告上這麼細小的一點疏忽，對去漬洗衣粉的銷售和品牌形象造成了嚴重的傷害。

賽賽主公說：

這是一個細節制勝的時代，對於自己的工作無論大小，都要瞭解得非常透徹，數據應該非常準確，事實也應該非常真實，這樣才能腳踏實地實現宏偉的目標。

美國絕大部分企業家會知道一些十分精確的數字：比如全國平均每人每天吃幾個漢堡、幾顆雞蛋。之所以要瞭解的這麼清楚，是因為他們想確保細節上多方面的優勢，不給競爭者可乘之機，哪怕是一些細枝末節的漏洞。

最最完美的計劃

前美國國務卿季辛吉博士，在公事繁忙之時，仍然堅持下屬必須不斷培養對細節關注的習慣。

某次他的助理呈遞一份計劃書給他，數天之後該助理問他對計劃的意見。季辛吉和善的問道：「這是不是你所能做的最佳計劃？」

「嗯……」助理猶疑的回答，「我想……再作些改進的話，一定會更好。」季辛吉立刻把那個計劃退還給助理。

努力了兩星期之後，助理又呈上了成果。幾天後，基季辛吉請助理到他辦公室去，問到：「這的確是你所能擬訂的最好的計劃了嗎？」

助理後退了一步，喃喃的說：「也許還有一、兩點可以再改進一下……也許需要再多說明一下……」助理隨後走出了辦公室，手上拿著那份計劃，下定決心要研擬出一份任何人——包括亨利．季辛吉都必須承認的「完美」計劃。這位助理日夜工作，有時甚至就睡在辦公室裡。三星期之後，計劃終於完成了！他很得意地邁著大步走入季辛吉的辦公室，將該計劃呈交給他。

當聽到那熟悉的問題：「這的確是你能做到的最最完美計劃了嗎？」

他激動的說：「是的，國務卿先生！」

「很好。」季辛吉說，「這樣的話，我有必要好好的讀一讀了！」

季辛吉雖然沒有直接告訴他的助理應該做什麼，然而就是透過這種嚴格的要求，來訓練自己的下屬怎樣完成一份合格的計劃書。

賽賽主公說：

國際名牌ＰＯＬＯ皮包，憑著「一英吋之間一定縫滿八針」的細緻規格，在市場上立於不敗之地。市場拓展的精髓，就是：「要打敗對手，唯有做到比對手更細緻！」

體育比賽中，我們經常看到有些人之所以取得冠軍，就在於那麼微小的一個動作，而這個動作卻是運動員長期訓練的結果。為了將一個蛋畫好，達文西能夠成百上千次的不停畫圓圈。面對任何事情，都要養成做好細節的習慣。

一把椅子的機遇

一個烏雲密佈的午後，瞬間的傾盆大雨讓行人們紛紛進入附近的店家躲雨。一位老婦也蹣跚的走進費城百貨商店避雨。看到老婦略顯狼狽的姿容和簡樸的裝束，所有的售貨員都對她心不在焉或視而不見。這時，一個年輕人走過來誠懇的對她說：「夫人，我能為您做點什麼嗎？」

老婦人莞爾一笑：「不用了，我在這兒躲雨，馬上就走。」老婦人隨即又感到有點不好意思，不買人家的東西，卻借用人家的屋簷躲雨，似乎不近情理。於是她在百貨店裡逛逛，心想，就算只是買個小飾品，也算是替自己躲雨找個心安理得的理由。

正當她猶豫徘徊時，那位年輕人又走過來說：「夫人，您不必為難，我幫您搬了一把椅子放在門口，您坐著休息就好了。」

兩個小時後，雨過天晴，老婦人向那個年輕人道謝，並向他要了張名片，就走出了商店。

幾個月後，費城百貨公司的總經理詹姆斯收到一封信，信中要求將這位年輕人派往蘇格蘭收取一份裝潢整座城堡的訂單，並讓他承包自己家族所屬的幾個大公司年度辦公用品的採購訂單。詹姆斯驚喜不已，粗略一算，這一封信所帶來的利潤，相當於他們公司兩年的利潤總和！他在迅速與寄信人取得聯繫後才知道，這封信出自一位老婦人之手，而這位老婦人正是美國億萬富翁「鋼鐵大王」卡內基的母親。詹姆斯馬上把這位叫菲利的年輕人推薦到公司董事會上。毫無疑問，當菲利帶著行李飛往蘇格蘭時，他已經成為這家百貨公司的合夥人了。那年，菲利才二十二歲。

往後的幾年中，菲利以他一貫的忠實和誠懇，成為「鋼鐵大王」卡內基的得力助手，事業扶搖直上、飛黃騰達，成為美國鋼鐵業中，財富僅次於卡內基的重量級人物。

賽賽主公說：

菲利只用了一把椅子，輕易的走上了讓人夢寐以求的成功之路。機遇往往就在身邊，就看有沒有那個早已具備的素質，能不能將細節、細緻與細心深埋到你的內心深處。

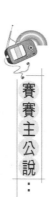

上帝不會給得太多

一個孤獨的年輕畫家，除了理想，他一無所有。他貧窮，無錢租房，借用一家廢棄的車庫作為畫室，夜裡常聽到老鼠吱吱的叫聲。一天，疲倦的他抬起頭，看見在昏暗的燈光下有一雙亮晶晶的小眼睛。他沒有想辦法捕殺這隻小精靈，生活中的磨難已使他具有藝術家悲天憫物的情懷。他與小老鼠互相信任，甚至建立了友誼。

不久畫家離開堪薩斯城，被介紹到好萊塢去製作一部卡通片。然而他再次失敗，窮得身無分文。多少個不眠之夜他在黑暗中苦苦思索，懷疑自己的天賦。突然，他想起了那亮晶晶的小眼睛，靈感在黑夜裡閃現。全世界兒童所喜愛的卡通人物「米老鼠」就這樣誕生了。

賽賽主公說：

這位畫家就是美國最負盛名的人物——華德．迪士尼。

上帝給他的並不多，只給他一隻老鼠，然而他「抓」住了，對迪士尼來說這小老鼠價值連城。

沒問題和有問題

有個企業家坐在餐廳的角落裡，獨自一個人喝著悶酒。他的朋友剛好也來到這家餐廳用餐，見到企業家落寞的身影於是走上前去問道：「看起來你好像遇到了什麼難題，不妨說出來，也許我可以幫你想想辦法。」

企業家看了他一眼，冷冷的說：「我的問題太多了，沒有人能夠幫我忙。」這位朋友見狀，要企業家明天到他的辦公室去一趟。

第二天，企業家依約前往朋友的辦公室。朋友說：「走，我帶你去一個地方！」企業家不知道他葫蘆裡賣的是什麼藥，朋友卻把企業家帶到荒郊野地。下了車，朋友指著一大片的墳場對企業家說：「你看看吧，只有躺在這裡的人，人生才是統統沒有問題的。」企業家恍然大悟。

賽賽主公說：

請記住這樣一句話：只要有問題，就有存活的希望；只要敢於正視問題，解決問題，就可以前進。

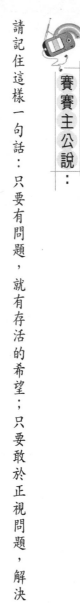

第六章

承諾只在一瞬，而踐約卻需永遠

「誠實為最上策，但是依此而為的人並非全是誠實的人。」人們往往有爭強好勝的一面，既有些幼稚，又血氣方剛，希望引起注意，得到別人的尊重，說謊的原因也常常只是為了表現自己。誠實是人們永不貶值的資本，不管在怎樣的環境中生存，也不管自身有多麼大的缺點或曾經犯過多麼大的過錯，只要你能夠真誠的對待別人，別人也一定會真誠的對待你，惡劣的環境也會因為你的誠實而得以改觀。

誠實可以帶給我們一種發自內心的輕鬆感，可以使自己的內心充滿陽光。即使他人有誤解，也能問心無愧，處之坦然。誠實是我們一生要遵守的規範，也是人生永遠的績優股。

捧著空花盆

有一位賢明而受人愛戴的國王，他把國家治理得井井有條，讓人民們安居樂業。但是國王年紀逐漸大了卻仍膝下無子，這件事讓國王很傷心。於是他決定，要在國內挑選一個孩子收為義子，並培養成自己的接班人。

國王選子的標準很特別，他發給每個孩子一些花種，並宣佈如果誰能用這些種子培育出最美麗的花朵就能成為他的義子。那些孩子們領回種子後，從早到晚不斷澆水、施肥、鬆土細心的培育著，因為大家都希望能夠成為那位幸運者。

其中有位名叫哈定的男孩也整天精心的培育花種，但是日子一天一天過去了，他所種植的種子卻連芽都沒冒出來。苦惱的哈定去請教母親，母親建議他換個土壤試試，但這方法依然無效，這下子母子倆都束手無策了。

國王決定觀花的日子到了，無數個穿著漂亮衣裳的孩子們紛紛湧上街頭。他們各自捧著鮮花盛開的花盆，用期盼的目光看著緩緩巡視的國王。國王環視著爭奇鬥艷的花朵與漂亮的孩子們，表情卻沒有像大家想像中那樣高興。忽然，國王看見了端著一盆空花盆的哈定。

國王問他：「你為什麼端著空的花盆呢？」

哈定不好意思的把白己不管如何精心種植，但花種卻怎麼也不發芽的經過說了一遍。還說，他想這是報應吧，因為他曾在別人的果園裡偷摘過一個蘋果來吃。

沒想到國王的臉上露出了開心的笑容，他把哈定抱了起來說：「孩子，你就是我要找的人！」

「為什麼？」大家不解的問國王。

國王說：「因為我給大家的花種全部是煮過的，它們根本就不可能發芽開花。」

誠實是做人的根本，不誠實的人不能信任，更不能委以重任。善良要靠善良來培養，純潔要靠不斷清除污垢來保持。

賽賽主公說：

一張雪白的紙，放在那兒長久不動，也會蒙上一層灰塵；一塊肥沃的土地，荒廢在那裡不耕種，就會長出雜草荊棘，人的心靈也是如此。不弄虛作假，才是正確的處世方法。誠實是指人的思想和言行一致，不虛假。

「小贏靠勤奮，中贏靠智慧，大贏靠誠實。」誠實是能讓人受益終身的精神財富。

小猴子的蘋果

從前，在一片森林裡住著許多動物。牠們在森林之王的帶領下幸福的生活著。

在一個陽光明媚的早晨，小猴子拿著媽媽給牠的紅蘋果去河邊玩耍。牠來到河邊看見河水清澈見底，開心地翻著跟斗，翻啊、跳啊牠真是高興極了。玩著玩著，不小心卻把媽媽給牠的紅蘋果弄丟了。小猴子找來找去，怎麼也找不著，到了中午，牠肚子餓得咕咕叫，只好爬上山去找野果吃。

當牠爬上半山腰時，聽見一個喊聲：「這是誰的蘋果啊？」

小猴子往下一看，看見小白兔手裡捧著一顆蘋果，小白兔問：「猴子哥哥，這是你的蘋果嗎？」

小猴子說：「是……這是我的。」小猴子從山腰爬了下來，接過這個又酸又澀的蘋果，咬了一口後發現裡面有好幾隻蟲子，便把蘋果扔掉了。

第二天早晨，小猴子約小白兔和小松鼠到河邊捉迷藏。正當牠們玩得高興的時候，黑熊叔叔從對面走來說：「這是你們丟的蘋果嗎？」

小猴子看了不禁心頭一驚：「這不就是我昨天丟掉的蘋果嗎？」

小白兔和小松鼠回答說：「這顆蘋果不是我們丟的。」

小猴子看著蘋果，很想說是自己的又不敢說。因為昨天牠已經認領了小兔子妹妹手裡的蘋果，如果再認黑熊叔叔手中的蘋果，小兔子一定會說牠是個不誠實的猴子。

小猴子只好說：「這不是我的蘋果，請你去問別人吧！」

後來，小猴子在回家的路上不斷的責怪自己，怪自己是一個不誠實的猴子。

賽賽主公說：

如果和人說話時，經常出現前後矛盾的情況，大家就會懷疑你說的到底哪句話是真的，並且不太容易相信你所作的承諾。唐代魏徵在《群書治要．老子》中提出：「信不足焉，有不信焉。」意思是說，你對別人不講誠信，別人對你自然也不講誠信。不講誠信的人一旦被識破，將會很難在社會上立足，其結果是傷害了別人，也傷害了自己。對人守信，對事負責，是誠信的基本要求。講誠信是人立身處世的根本，也是做人最重要的原則。

忘記的約定

百事可樂的總裁卡爾到科羅拉多大學演講的時候，一位名叫傑夫的商人，透過演講會的主辦者想約卡爾見面談一談。卡爾答應了，但是也說明只能在演講完後十五分鐘的時間內談談。於是，傑夫在大學禮堂的外面坐等著。後來卡爾興致勃勃的為大學生演講，講他的創業史，講商業成功必須遵循的原則……不知不覺已超過了與傑夫約定的見面時間。很顯然的，他已經忘了與別人的約定。正當卡爾繼續演講時，他發現有一個人從禮堂外推開門，直朝著講台走來。那人一直走到他面前，一言不發的放下一張名片後轉身離去。

卡爾拿起名片一看，背面寫著：「您和傑夫在下午兩點半有約在先。」卡爾猛然省悟。一邊是需要他說服並且灌輸百事可樂思想的大學生，因為他們是他企業發展的目標甚至是動力，而另一邊則是個名不見經傳，只是想向他請教的陌生商人。

當下卡爾毫不猶豫，轉身對眾多大學生說：「謝謝大家來聽我的講演，本來我還想和大家繼續探討一些問題，但我有一個約會，而且現在已經遲到了。遲到對別人不禮貌，我不能失約，所以請大家原諒並祝大家好運。」

在一片如雷的掌聲中，卡爾快步走出禮堂，他在外面找到了正在等他的傑夫，向他致歉後，便滔滔不絕的告訴傑夫他所想要知道的一切。原先定好的十五分鐘，他們一談就超過了三十分鐘。

賽賽主公說：

有偉大的人格才有偉大的事業，不論你居於多高的地位，都不能不對自己應承過的諾言負責。不論我們的目標多麼偉大，或者有多少偉大的事業等著我們去做，一定要遵守自己的承諾並且去實踐。

一個人不講信用，就難在社會上立足。只有言而有信，才能贏得眾人信任，受到尊重。每個人活在世上，必然要和周圍的人們打交道。然而，人與人之間的關係與友情，是需要信用來維繫的。只有能兑現承諾的人，才有可能交到知心的朋友，受到他人的尊重。當我們越來越沈溺物質享受的時候，千萬不要忘記我們的精神不能貧乏。

晉文公之諾

春秋時代的晉文公率領軍隊攻打一座城池。在攻城之前，晉文公只準備了三天的糧草，還放話說：「如果三天之內攻不下這座城，就退兵。」

但是，三天之後他仍然無法攻克城池，因為敵軍頑強抵抗不肯投降。晉文公於是命令撤軍。這個時候，一位從城中逃出來的百姓說：「城裡的人已經快要支撐不住了，民眾說如果你們再攻一天，他們就得要投降了。」身旁的將領紛紛勸晉文公再堅持一天。

晉文公卻說：「信義，是國家的重要財富，是保護百姓的良藥。如果我堅持一天，雖然能得到這座城，但卻因此違背諾言，那以後還怎麼讓百姓相信我的承諾？我不做這種不講信義的事」於是，晉文公便退兵了。

在晉文公退兵後，城裡的將領和百姓都對他的舉動非常佩服，認為能遇到這樣信守承諾的君主是他們的福分。於是主動大開城門，向晉文公投降。

晉文公因為兌現承諾，才能在這場戰役中不戰而勝。兌現自己的承諾，是贏得信賴的根本。

賽賽主公說：

要做一個值得信賴的人，最有力也最好的一個字就是：「不。」我們要學會說「不」，即使這可能造成對方的不高興，但忠於自己的想法、對自身能力有正確的認識，才是可以為之驕傲的品格。

「不，這件事我做不到。」「不，我不想這樣做。」被拒絕的人也許不喜歡這樣的回答，他或許會感到苦惱、困惑、失望甚至氣憤。然而，說「不」造成的危害絕對比不信任輕得多。

心靈的洗禮

誠信做人是對朋友的承諾。奮鬥不息，是對人生的承諾。

司馬遷立志著書，許下了「通古今之變，究天人之際，成一家之言」的人生承諾，即便遭受腐刑，也從未放棄，十餘載的含辛茹苦，使他完成了「史家之絕唱，無韻之《離騷》」。

李白浪跡天涯，許下了「安能摧眉折腰事權貴，使我不得開心顏」的承諾，即便一生與青山綠水做伴，也決不屈服權貴出賣人格。

李時珍嗜醫為命，自小便承諾要編著一本準確、完整的藥學巨著。數十年間他跋山涉水，親自試藥，用勇敢和執著兌現了自己的承諾，最終寫下了《本草綱目》。

屈原許下了振興楚國的承諾後，便一直信守。無論前方的路多麼艱險，無論自己受到怎樣的迫害。即使投江自盡，也不違背承諾，不與小人同流合污。

林則徐忠君愛國，虎門銷煙，即便被遣戍新疆仍許下「苟利國家生死以，豈因禍福避趨之」的報國承諾。

賽賽主公說：

兌現自己的承諾，是一種令人尊敬的行為，也是一個人立身處世的根本。能兌現自己承諾的人，才能獲得別人的信任。所以在承諾之前，必須要考慮清楚，因為說出去的話就像潑出去的水，再也不能收回來。一旦承諾別人，就要兌現，不可以找各種理由搪塞或毫不放在心上，否則時間久了，就會失去人們的信賴。兌現承諾是對心靈的洗禮，人格的昇華；請兌現你的承諾，無論這個承諾是大是小，是輕是重，是易是難。生命將在你的一個個承諾後閃爍燦爛奪目的光芒！

季布一諾

季布是秦朝末年楚漢相爭時項羽軍隊裡的一員幹將。他年輕時很講義氣和信用，受到朋友的敬重。季布加入了項羽的隊伍後，又深得項羽的重用。他為項羽出生入死，衝鋒陷陣立下了大功。因此，劉邦對他深為痛恨。

公元前二〇六年，劉邦統一中國做了皇帝後，曾令人貼出告示，願以一千金的重賞捉拿季布。而且規定：如果有人膽敢窩藏季布，就要誅滅三族！但季布平時言而有信，答應別人的事情，一定竭盡全力去做從不使人失望，這使他贏得了許多真誠的朋友。而且他的名聲廣為傳揚，遠近馳名。當時民間還流傳這樣一句諺語：「得黃金百斤，不如得季布一諾。」因此，即使劉邦告示如此公佈，仍有許多人不顧生命危險，盡心盡力保護季布。後來，大家又公推淮陰侯滕公為季布向劉邦求情。

滕公對劉邦說：「以前季布為項羽打仗，這是他做為項羽的部下應盡的責任。現在陛下剛剛得到天下，就為了從前的仇恨捉拿季布，作為一個皇帝來說，器量未免顯得太小了。況且陛下如此仇視季布，假使季布心生畏懼而投奔他國再與漢朝作對，這不是替陛下您增添了不必要的麻煩嗎？依臣下之見，倒不如現在就把他召進宮來委以官職，漢朝也增添了一分力量。」

劉邦聽後深覺有理，欣然接受了滕公的勸告，馬上派人撤去告示，並將季布召進宮來任命他為郎中。後來，季布感念高祖的恩德，為漢朝做了許多大事。到了漢文帝時，季布已經是朝廷裡舉足輕重的大臣了，仍喜歡廣交朋友，豪爽正直的性格依然未變。講信用讓季布死裡逃生。

賽賽主公說：

一諾千金，對於你的生活很重要。如果一味的信口開河，而不顧事情的真實情況，就會讓你說話的「可信度」大打折扣。這樣的人說的話給人不真實感，致使自己的語言沒有說服力，在與人交往中喪失了信譽。

諾言的價值

小傑有一個很要好的朋友，因為從小就認識了，所以一直保持著密切的來往。有一年朋友搬了家，特地在過新年的時候邀小傑到他家看一看，小傑也答應了。可是當天剛好輪到他在學校值班，所以只好跟朋友說下午再過去。

到下午小傑要離開學校的時候，一個同事來找他：「來打一會兒網球吧！」雖然小傑有事，不過心裡想，打一會兒應該還沒關係吧。就和同事玩了起來。這一玩把時間給忘了，等小傑從學校出來，天都快黑了只好先回家。後來小傑總想找個機會對朋友解釋一下，可是不知怎麼搞的，一拖就拖了很久的時間。而時間越久就越不想再提這件事了。小傑心想，反正我們是從小到大的好朋友也不是外人，何必那麼多禮節呢，後來竟漸漸的把這件事忘了。這天，當小傑再次想起朋友的時候，是有事要求於他。不過朋友在電話裡對小傑很冷淡，小傑問他怎麼了，朋友說：「問你自己。」

小傑試探著提起爽約那件事，朋友說：「你已經無可救藥了，哪有這樣輕率待人的？」朋友很生氣，說那一天他和妻子推掉了所有的安排，只是為了小傑的到來，可是最後小傑沒有去，之後連一個道歉的電話都沒有。朋友說得小傑臉上一陣陣發熱，小傑解釋著說，因為從來沒有把朋友當過外人，所以才對這件事那麼隨便。朋友說小傑是一個言而無信的人。為了讓小傑永遠記得諾言這個重要的詞，他決定不再理小傑。

因為失去了這個好朋友，讓小傑記住了諾言的重要。

賽賽主公說：

一諾千金，也許承諾只在一瞬，而踐約卻需要永遠。自古以來，講信用的人受到人們的歡迎和讚頌，不講信用的人則受到人們的斥責和唾罵。一個人的諾言重於泰山，沒有任何緊急的情況，誰也不能輕易違背自己的諾言，如若不然，不是身敗名裂，就是再也無法在社會上立足。不要輕易許諾，因為諾言背後就是重要的責任。更不能夠食言，不守信用的人是不能夠獲得朋友的。

「抱柱信」的故事

李白曾在《長干行》中寫道：「常存抱柱信，豈上望夫台。」所謂「抱柱信」，是說有一個叫尾生的男子和一個女子相約橋下見面，不過女子還沒有到，河水卻上漲了。尾生為了不失信用堅持不走，最後寧可抱住橋柱被水淹死。

以現在的眼光來看尾生的行為的確過於迂腐拘泥，但他表現出的精神卻是讓人稱頌的。事情都有正反兩面，沒有任何事是絕對的。所以在許諾之前，一定要考慮清楚，不要忙著做出斬釘截鐵的回答。「這件事絕對沒問題」、「你絕對做錯了」，這樣的話可能會讓別人難以接受，所以不要說太過絕對的話。因為你說的可能和實際情況不符合。如果你不確定自己一定能做到，就不要做出絕對的承諾。

賽賽主公說：

一個講求信用的人，能夠前後一致，表裡如一，人們可以根據他的言論去判斷他的行為，相信他所說的話。如果一個人前後矛盾，言行不一，則無法判斷他的行為動向，這種人無法交往，更沒有什麼魅力可言。守信是取信於人的第一方法。信任是守信的基礎，也是取信於人的方法。

離世前的感悟

有一個人，天資聰穎，才華過人，由於什麼都一學就會，所以他夢想有朝一日成為無所不能的奇人。他感到自己潛力無限，任何事情只要他下定決心去做就一定能夠做好。他相信，他的韜略會超過任何一個帝王將相，他的著作論述會啟發後代，他的發明創造會替天下人的生活帶來影響。

但是，有一個問題，他雖然潛力無限，但只有一輩子，他需要做出選擇。他需要決定必須將聰明才智用到哪一方面。要做出決定是非常艱難的，因為這意味著其他方面的潛力將得不到發揮。

在他躊躇的時候，已經不知不覺上了學，畢了業，找到了一份工作，結了婚，生了兒女。他雖然不屑將才智用在僅為餬口的工作上，但由於聰明過人，他還是贏得了同事們的尊敬和讚譽。他時常想：如果我能把精力放在將選擇的那方面，我將會做出多大的成就啊。

時光飛逝，他日漸衰老。而一些年少輕狂的事情，他已經不能做了。但還有些事情，只要他下定決心去做，仍是能大有作為的。做什麼事情呢？他在工作、育子、處理各種人際關係時，總是會思考這個問題。他堅定不移的認為，他有非常了不起的潛力。認識他的人，也有這樣的感覺。

有一天上班的時候，他忽感胸悶，就早早回到了家。他感覺自己虛弱無力，當走進浴室想用涼水洗臉，抬頭看到了鏡子，鏡子裡的人雙鬢泛白，滿臉皺紋，眼神疲憊。頓時，他忽然明白了一個簡單的道理。

然而，就在他醒悟的那一刻，胸口劇烈疼痛，隨即心臟停止了跳動。葬禮上，每一個認識他的人都很傷心並惋惜不已，因為他不但是一個好人，而且是一個多才多藝的人。

他就這樣走了，多麼可惜呀！人們痛哭流涕。可是，他們不知道死者離世那一刻心中的感悟。他悟到了一個簡單的道理：說到不如做到。

賽賽主公說：

每個人都是大有潛力的，只要身體健康，智商正常，沒有身陷戰爭或自然災難之中，未來就可以大有作為、而成敗的關鍵並不只在於你的天賦，而在於做了沒有。有理想不去實現，有諾言不去兌現，這樣的人會失去別人的信任。說到做到，才能贏得周圍人的尊重喜愛。

你如果習慣了誇誇其談，而不去行動，這對你的將來絕對是不利的。

特殊的考試

雅利安公司是美國環球廣告代理公司，因為業務需要，雅利安公司正準備應徵四名高級職員，擔任業務部、發展部主任助理，待遇非常不錯。

競爭很激烈，憑著良好的資歷和優秀的考試成績，安東尼幸運的成為十名複試者中的一員。人事部主任告訴安東尼，複試主要是由貝克先生主持。貝克先生是全球聞名的大企業家，從一個報童到美國最大的廣告代理公司總經理、董事長，他的經歷充滿了傳奇色彩。聽到這個消息，安東尼非常緊張，一連幾天，從口頭表達能力、廣告業務及穿戴方面都做了精心準備，以便順利「推銷自己」。

複試是單獨面試。安東尼一走進小會客廳，坐在沙發上的一個考官便站起來，安東尼認出來：正是貝克先生。

「是你！你是……」貝克先生激動的叫出了安東尼的名字，並且快步走到安東尼面前，緊緊握住了他的雙手。「原來是你！我找你找了很長的時間了。」貝克先生一臉的驚喜，激動的轉過身對在座的另幾位考官說，「先生們，向你們介紹一下：

這位就是救我女兒的那位年輕人。」

安東尼的心狂跳起來，還來不及開口，貝克先生把他拉到沙發上坐下，說道：「我划船技術太差了，害女兒掉進了密西西比河中，要不是你救了她，真不敢想像後果會如何。真抱歉，當時我只顧擔心女兒，還沒來得及向你道謝。」

安東尼說道：「很抱歉，貝克先生。我以前從未見過您，更沒救過您女兒。」

貝克先生又一把拉住安東尼：「你忘記了？四月二日，密西西比河公園……絕對是你！我記得你臉上有顆痣。年輕人，你騙不了我的。」貝克先生一臉的得意。

安東尼站起來：「貝克先生，我想您弄錯了。我沒有救過您女兒。」

安東尼說得很堅決，貝克先生一時愣住了。忽然，他又笑了：「年輕人，我很欣賞你的誠實。」幾天後，安東尼成了雅利安公司職員。

有一次，安東尼和同事戴維先生閒聊時，他問戴維：「救貝克先生女兒的那位年輕人找到了嗎？」

「貝克先生的女兒？」戴維先生一時沒反應過來，接著他大笑起來：「他女兒？當時有七個人因為他女兒被淘汰了。其實，貝克先生根本沒有女兒。」

賽賽主公說：

一個人最重要的品德就是誠實，誠實是一切美德的根本。要獲得別人的信任與重視，你首先應該做到誠實。欺騙別人的人，最終被欺騙的是自己。我們要時時把誠實牢記在心頭，不要因為貪圖一時的小利，而丟棄我們最重要的美德。社會從來不缺少空想家和理論家，誇誇其談、信口開河再容易不過。但是，這種人往往一事無成。一個人沒有夢想，可能活得極其普通，但要是只知道躺在夢想中誇誇其談，眼高手低，那恐怕就會失掉生存的最基本條件了。

口是心非的樵夫

有隻狐狸被獵狗追得走投無路，跑到正在砍柴的樵夫身邊，請求樵夫幫忙替牠找個安全的地方躲起來。樵夫要狐狸躲在自家的茅屋裡。狐狸聽他的話爬了進去，藏在屋子的角落裡。

過了一會，獵人帶著獵狗追了上來，找不到狐狸，就向樵夫打聽。樵夫嘴上說沒看見，手卻指著茅屋向獵人暗示。可是獵人相信他說的話，以為他真的沒看見，就往別處追去了。狐狸從屋中出來，也不向樵夫道謝就走了。樵夫很不滿，大罵狐狸忘恩負義，沒有良心。

狐狸回頭對他說：「這能怪我嗎？你應該好好想想你自己，如果你能言行一致，手勢不違背自己的語言，我真的會衷心地感謝你，可是現在休想！」

那位夫農夫表裡不一，表面上幫忙，暗地裡卻出賣牠。

賽賽主公說：

要遠離虛偽的人，即使每天必須在一起學習、生活，也要想辦法和他們保持距離。人們太容易受到環境的影響，如果長時間和這種人待在一起，這些虛偽言行會不知不覺影響到你。相反的，你可以以他們為榜樣來學習，不過不是學習那些虛偽的言行，而是透過他們的言行分析造成這種行為方式的原因。同時，更重要的是以他們為反面教材，對照自身，察看和反省一下自己是否也具有虛偽的潛意識，一旦發現自己和他們一樣擁有虛偽的潛質，要毫不猶豫的清除掉。

虛偽的友誼

虛偽的人為了讓別人認為他們很受歡迎，而去選擇一幫比他還要虛偽的人作為同黨。但這種形式的「友誼」並沒有真正的價值。因為他們並不是真正彼此關心，而是想把那些人也培養成為和他們一樣虛偽的人。剛開始接觸時，這些人或許會表現出一些積極的態度，但這些都是假象。

「與善人居，如入芷蘭之室，久而不聞其香，則與之化矣；與惡人居，如入鮑魚之肆，久而不聞其臭，亦與之化矣。」與正直，誠實的朋友相交，自己耳濡目染，受其言傳身教，長久則潛移默化，也具有了這些美德；與虛偽的人相交，時間長了，自己也會變得虛偽起來。要保持誠實的本性，就要遠離那些虛偽的人。當你生長於批評中，便學會論斷人；處於敵意中，便學會攻擊人；但是你生長於包容中，便學會了忍耐；生長於讚美中，便學會了欣賞。如果生活於虛偽中，就會放棄誠實。一旦在不好的環境裡學壞了，想要再改過來就很不容易了，請遠離那些容易使你變壞的朋友和環境。

賽賽主公說：

保持清醒的頭腦，千萬不要人云亦云。一群虛偽的人比一個虛偽的人更可怕，所以永遠不要加入他們行列中。少與虛偽的人接觸，展現真實的自我，誠實的與人相處，做一個言行誠實的人。

狐狸的最佳建言

有一次，虎大王把百獸召集在一起。牠十分誠懇，面帶微笑說道：「諸位，本大王管理動物王國多年，問題很多，錯誤也不少，這次希望大家有話直說，多提寶貴意見，幫助本大王改進工作，拜託大家了。」

山羊說：「虎大王，您太殘忍了，不尊重其他動物的生存權，您經常隨便將一些山羊置於死地，把牠們的肉當做美味佳肴，我希望您改掉這個壞習慣。」

老牛說：「虎大王，您在任用管理人員時很偏心，誰給您好處、會拍馬屁、是您的親屬您就任用誰，這個習慣得改，要不然您的周圍會被奸臣包圍，這樣做是很危險的。」

大熊說：「虎大王，您凡事以自己的意見為意見，從不把其他動物的意見當一回事，大家對您的意見太多了。」

大家一個個向虎大王提出意見，虎大王靜靜的聽著，臉色卻變得越來越難看。

這時狐狸跳出來說話了，牠說：「虎大王我給您二個意見：第一、虎大王，您在工作時，不注意保護身體，萬一身體累垮了，這樣會影響整個動物世界的繁榮。第二、虎大王，您工作事必躬親，許多工作本來可由其他動物去做的，您卻親自去做了，這會使大家心裡過意不去。」

第二天，山羊、老牛、狗熊都莫名其妙失蹤了。虎大王宣布，將聘請狐狸為大王助理。聽完任命，狐狸露出得意的微笑。

賽賽主公說：

「要消滅他，先引誘他」，這是人與人之間爭鬥時最常用的辦法，許多人卻由於不滿現狀而上當。更為不幸的是，對於虛偽的人在最初的階段我們是看不透他們的，因而他們對我們的影響可能會在很長時間後才起作用。也正是這種原因，他們對我們造成的心理傷害才更加嚴重。

跳井找水喝的山羊

一隻狐狸不小心掉進一口非常深的井裡，無法脫身。這時一隻口渴的山羊，來井邊飲水，它看見狐狸在下面，就問狐狸：「井水味道如何？」

狐狸盡力掩飾自己的狼狽相，不斷的稱讚：「井水味道好得不能再好了。」

山羊一心想著喝水，聽完後馬上跳了下去，等牠喝完水不再口渴了，才發現自己和狐狸的困境。

這時狐狸提了一個共同出井的辦法，牠說：「你把前腳抵在井壁上，低下頭我先踩著你的後背上去，然後想辦法拉你上來。」

山羊照牠吩咐的做了。狐狸跳上山羊背，蹬著羊角飛身跳出了井口，然後就溜走了。

山羊氣得大罵狐狸不守信用，狐狸轉頭回敬道：「你這頭笨羊！如果你頭腦靈活，就應該在看清出路之後，再決定跳不跳，真是笨蛋！」

賽賽主公說：

虛偽和真誠的人不同，他們虛偽的做作或是想利用你，或是要讓你覺得他是好人，或者還有其他目的。和虛偽的人打交道是一件十分痛苦的事情，因為你曾經真的把他當作是一個好人，你曾經和他交心，甚至還把他視為最好的朋友之一。然而，當你發現了在他虛偽的外表下隱藏著那麼一顆齷齪的心時，你將多麼的生氣和傷心。

可憐的老頭

哈佛大學校長到某間大學訪問時，講了一段自己的親身經歷。有一年，校長向學校請了三個月的假，然後告訴家人，不要問他去什麼地方，他每個星期都會打個電話向家裡報平安。

然後他便獨自去了美國南部的農村，嘗試著過另一種全新的生活。在農村，他到農場去打工，去飯店洗盤子。在田地做工時，背著老闆抽支煙或和同事偷偷說幾句話，都讓他有一種前所未有的愉悅。最有趣的是，最後他在一家餐廳找到一份洗盤子的工作，做了四個小時後，老闆把他叫來，給他薪資後對他說：「可憐的老頭，你洗盤子洗的太慢了，你被解雇了。」

「可憐的老頭」重新回到哈佛，回到自己熟悉的工作環境後，覺得以往再熟悉不過的東西都變得新鮮有趣起來，工作成為一種全新的享受。這三個月的經歷，像一個淘氣的孩子做了一次惡作劇般，新鮮而有趣。原本洋洋自得甚至呼風喚雨的哈佛大學校長職位，和自己原本認為的博學與多才，在新的環境中根本一文不值。更重要的是，回到原始狀態以後，也不自覺的清理掉了原來心中存積多年的「垃圾」。

賽賽主公說：

學無止境，只有定期讓自己「歸零」，清除心靈的驕傲與自滿，才能更好的享受工作與生活。一個人想進步，首先必須具備空杯的心態。不管自己的才能、所掌握的知識有多高多好，都必須把心態放空讓自己回歸到零，如此才能保持適度的焦慮感，使自己隨時處於一種學習的狀態，將每一次都視為一個新的開始，都是一次新的經驗。不計較一時的待遇得失與正誤，如此才能實現更大的進步。

聽道的好處

在秋天涼爽催人欲睡的季節，教徒們聽著牧師佈道的聲音，有些人忍不住打起了瞌睡。最後教堂裡的人們幾乎都睡著了，只有一個紳士正專心聽道，跟四周的人完全不一樣。他就是當時鼎鼎有名的英國首相格萊斯頓。

後來，有人好奇的問格萊斯頓：「奇怪，每一個人都聽得打瞌睡，為什麼只有您還能那麼用心的聽？」

格萊斯頓微笑著說：「聽到這麼冗長的講道，老實講，我也很想打瞌睡。可是，我突然想到：何不用這件事來試試自己能夠忍耐到什麼程度，所以我才能聚精會神從頭聽到完。剛才我還告訴自己：你呀，忍耐得真好，以後用這種耐心去面對政治上的種種難題，那還有什麼事不能解決呢？」今天的聽道，對我的好處和啟示可真是太大了。

賽賽主公說：

在別人都已停止前進時，你仍然堅持，在別人都已失望放棄時，你仍然進行，這是需要相當勇氣的。使你得到比別人更大成功的，正是這種堅持、忍耐的能力，不以喜怒好惡改變行動的能力。

謝謝您購買 馬桶故事集：放過自己吧，猶如那一沖而逝的便兒 這本書！

即日起，詳細填寫本卡各欄，對折免貼郵票寄回，我們每月將抽出一百名回函讀者寄出精美禮物，並享有生日當月購書優惠！

想知道更多更即時的消息，歡迎加入"永續圖書粉絲團"

您也可以利用以下傳真或是掃描圖檔寄回本公司信箱，謝謝。

傳真電話：（02）8647-3660　　信箱：yungjiuh@ms45.hinet.net

☺ 姓名：　　☐男　☐女　　☐單身　☐已婚

☺ 生日：　　☐非會員　　☐已是會員

☺ E-Mail：　　電話：（　）

☺ 地址：

☺ 學歷：☐高中及以下　☐專科或大學　☐研究所以上　☐其他

☺ 職業：☐學生　☐資訊　☐製造　☐行銷　☐服務　☐金融

☐傳播　☐公教　☐軍警　☐自由　☐家管　☐其他

☺ 您購買此書的原因：☐書名　☐作者　☐內容　☐封面　☐其他

☺ 您購買此書地點：　　金額：

☺ 建議改進：☐內容　☐封面　☐版面設計　☐其他

您的建議：

廣 告 回 信
基隆郵局登記證
基隆廣字第 57 號

新北市汐止區大同路三段一九四號九樓之一

大拓文化事業有限公司收

請沿此虛線對折免貼郵票，以膠帶黏貼後寄回，謝謝！

馬桶故事集：過自己吧，猶如那一沖而逝的便兒

- 請至鄰近各大書店洽詢選購。
- 永續圖書網，24小時訂購服務
  www. foreverbooks. com. tw
  免費加入會員，享有優惠折扣
- 郵政劃撥訂購：
  服務專線：(02)8647-3663
  郵政劃撥帳號：18669219